星云大师演讲集 02

佛教与生活

星云大师 著

生活·读书·新知 三联书店

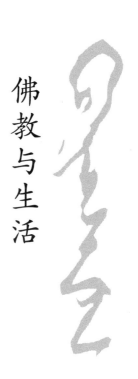

Copyright © 2015 by SDX Joint Publishing Company
All Rights Reserved.
本作品版权由生活·读书·新知三联书店所有。
未经许可,不得翻印。
本书由上海大觉文化传播有限公司独家授权出版中文简体字版。

图书在版编目(CIP)数据

佛教与生活/星云大师著. —北京:生活·读书·新知三联书店,2015.4
(星云大师演讲集)
ISBN 978-7-108-05248-3

Ⅰ.①佛… Ⅱ.①星… Ⅲ.①禅宗—通俗读物 Ⅳ.①B946.5-49

中国版本图书馆 CIP 数据核字(2015)第 017217 号

责任编辑	麻俊生
封面设计	储 平
责任印制	卢 岳 张雅丽
出版发行	生活·讀書·新知 三联书店
	(北京市东城区美术馆东街 22 号)
邮 编	100010
印 刷	北京市松源印刷有限公司
版 次	2015 年 4 月北京第 1 版
	2015 年 4 月北京第 1 次印刷
开 本	880 毫米×1230 毫米 1/32 印张 7.375
字 数	160 千字
印 数	0,001—8,000 册
定 价	28.00 元

总序　人间佛教正法久住

我们生活在人间，人间有男女老少，人间有五欲六尘，人间有生老病死，人间有悲欢离合。在缺憾的世间，我们如何获得欢喜自在？如何发挥生命的价值？如何拥有安乐的生活？这是我们所要探讨的课题。

佛陀降诞人间，示教利喜，为人间开启了光明与希望；佛陀依五乘佛法，建立了"五戒十善""中道缘起""因缘果报""四无量心""六度四摄"等人间佛教的基本思想。

为了适应时代的发展，我们创办文化、教育、慈善等事业，提出"传统与现代融和""僧众与信众共有""修持与慧解并重""佛教与艺文合一"等弘法方向。多年来，以"佛法为体、世学为用"作为宗旨，人间佛教渐渐蔚然有成，欣见大家高举人间佛教的旗帜，纷纷走出山林，投入社会公益活动，实践佛教慈悲利他的本怀。

2004年，我曾在香港和台北作例行的年度"佛学讲座"，三天的讲题分别为"佛教的生命学""佛教的生死学""佛教的生活学"。我言：生命为"体"，作为本体的生命，是不增不减、永恒存在、绝对、无限、正常的；生死为"相"，每个生命所显露的现象，是有生有灭、变化无常、相对、有限、非常的；生活是"用"，生命从生到死，其中的食衣住行、言行举止、身心活动等等，无一不是生命的作用。因此，体、相、用，三者密不可分。我们既来到世间生活，就有生命，有生命就有生死，三者是一体的，其关系极为密切。因此，整个人间佛教可以说就是"生命学""生死学""生活学"。

之后，我在世界各地演讲《人间佛教的戒、定、慧三学》。所谓戒定慧，有谓由戒生定，由定发慧，由慧趣入解脱，是学佛的次第；在人间生活，更需要断除烦恼才能获得究竟的妙智，才能自在悠游于人间！

1949年，我从中国大陆来到台湾之后，为了适应广大民众的需求，毅然采取面对面的讲说弘法。从宜兰乡村的弘法，到城市各处的聚会；从监狱的开示，到工厂的布教。1975年，在台北艺术馆举行佛学讲座，首开在"国家会堂"演讲佛学之风。接下来，我弘法的脚步，由北至南，由西至东，从学校到部队，从岛内到岛外。近二十年来，随着弘法的国际化，我更是终年在世界各地云水行脚，奔波结缘。

演讲的对象，有一般男女老少的信众，也有大专青年、企业界精英、教师、警察等特定对象。讲说的内容更是包罗万象，经典方面有《六祖坛经》《金刚经》《维摩诘经》《法华经》等，也讲说佛教的义理、特质与现代生活的种种关系，以及佛教对社会、政治、伦理、经济、心理、民俗、命运、神通、知见、因缘、轮回、死亡、涅槃等各种问题的看法。

三十年前,佛光山的弟子们将我历年来演讲的内容,陆续结集成书,并定名为《星云大师演讲集》丛书,二十多年来不知再版了多少次!许多读者将此套书视为认识佛教、研究佛学必读之书,也有不少出家、在家弟子,以此演讲集作为讲经说法的教材。

这套演讲集已缺书好一段时间,不时有人频频询问、催促再版。我重新翻阅,觉得此套演讲集讲说时隔近三十年,抚今追昔,虽然佛法真理不变,人心善美依然;环境变迁有之,人事递嬗有之。因此,决定将此书全新改版,去除与现今社会略微差异之处,重新校正、修订、增删,并依内容性质,分类为《佛光与教团》《佛教与生活》《佛法与义理》《人生与社会》《禅学与净土》《宗教与体验》《人间与实践》《佛教与青年》等册,总字数百余万字。为保存、珍重历史,同时又为方便后人参考、查询,我将演讲的时间、地点记于每篇文章之后。

我出家已超过一甲子,毕生竭力于人间佛教的弘扬与实践,主要是希望全世界各族群能相互尊重,人我能相互包容,社会彼此和谐进步。这套演讲集是为我初期弘法历程,以及一以贯之的人间佛教思想理念的鲜明见证。

出版在即,为文略说弘法因缘,并以心香一瓣祝祷人间佛教正法久住,所有众生皆能身心自在,共生吉祥。

星云 于佛光山法堂

目 录

- 001　佛教与生活（一）
- 018　佛教与生活（二）
- 032　佛教与生活（三）
- 054　生活与信仰
- 078　生活与道德
- 101　生活与修持
- 130　生活与般若
- 139　行为平坦的道路
- 156　身心安住的家园
- 171　人生十问
- 188　如何美化人生
- 197　谈你说我
- 215　谈情说爱

佛教与生活（一）

佛教是一种宗教，
我们的日常生活里不能缺少宗教，
而生活须要用佛法来指导。

"佛教"与日常生活有着不可分离的密切关系，因此，我们不可完全把它当作学问来研究。佛教是一种宗教，我们的日常生活里不能缺少宗教，而生活须要用佛法来指导。

在佛教界，有许多很有学问的人，他们进入佛门几十年，可是却不能与佛法相应。佛教讲慈悲，而他不慈悲；佛教讲忍耐，而他不忍耐。其原因在哪里？就是他不能把自己信奉的佛法应用在生活中。所以，在信仰的历程上，把所信仰的佛法和生活打成一片是很重要的。

我们生活在世界上，离开不了空间、时间、人间三者的关系。什么是"生活的空间"？一只小鸟，到了傍晚时分，飞倦的时候，它要回到窝巢里栖止；一个人经过了整天的劳累工作，也需要个温暖的家养息疲惫的身心。不论"窝"也好，"家"也好，都是生活的空间。如果这个空间没有安排妥当，生活就不能舒适。历史上有不少的战争,起因都是为了争夺土地,即"空间的争夺",由此可知,空间对于人类的重要性。如果对于"空间"不能妥当处理,则人类的生活将是痛苦不堪,纠纷不息。

什么是"生活的时间"？晋朝田园诗人陶渊明有一首诗说:"盛年不重来,一日难再晨；及时宜自勉,岁月不待人。"人生几十寒暑,如白驹过隙,如过眼云烟。佛经中曾说:"人命在呼吸之间。"我们如何运用有限的生命,发挥无限的事业？古人也说:"吾生也有涯,学也无涯。"学无止境,佛道遥远,如何利用短暂的时间,去充分发挥生命的意义？所以我们在生活中不能忽视分秒的时间。

什么是"生活的人间"？就是人与人之间的相处问题,这是人生历程中不容忽略的问题。人是群众动物,不能离群独居,人与人在社会上有着极密切的关系,如何才能和谐相处呢？这些问题皆为古今圣哲所注意探讨的,以下针对这三个问题分别阐明解说:

一、生活的空间——以退为进的佛教生活

(一)从心外的空间说到心内的空间

心外的空间,是指我们生存的外在环境。譬如我们居住的房舍、活动的场所,甚至宇宙自然界,都是我们心外的空间。对于外在的空间,我们必须清楚认识各种情况,才能活动自如,运用得当。假如我们要从甲地到乙地去,应该先了解路线如何走,乘坐什么交通工具,需要花费多少时间,应准备些什么装备,以及各种安全问题等,如果这些问题都能够掌握清楚,那就可以享受愉快的旅行了。所以我们对于心外的世界,只要多用点心去探求一些知识,小

心谨慎地去了解、去适应，就能得其所安。例如环游世界，甚至登陆月球，准备、了解妥当之后，不论再大再远，都不是难事。

最困难的是心内的空间，它是无形无相，不可捉摸，最令人不易了解的。一个人平常活动的心外世界，不论是君王诸侯或将相百官，不论有多大的权势威力或聪明才智，他们所能到达的空间仍然是有限的。尽管现在科学文明已发展至太空时代，美国人也已率先把人类送至月球。但是这个宇宙虚空之中，除了月球，其他还有如恒河沙数般的星球，人类还不曾见闻过，更遑论登陆了。

外在的虚空世界，一个人穷其一生，所能到达的不过如微尘一般。"拥有大厦千间，夜眠不过八尺。"佛法告诉我们：心内的空间，比心外的空间还大。所以对于心外的空间，不必去争执、占取，能体会心内的空间才是更重要的。

所谓心内的空间就是要不断地开阔我们的心胸。平常描写一个人度量大，说是"宰相肚里能撑船"。佛教说一个人心内的空间之大，是三千大千世界都可以容纳其中。如果我们能把自己的心内空间放大，就能像大海一般容纳百川，不拣巨细；如泰山一般承受土壤，不拣精粗。心内有了宽阔的空间，就能包容宇宙虚空。人事的纠纷，世俗的困扰，也都能包容而不计较。甚至大千世界就是我们的禅床，可以任性逍遥，随遇而安。

佛教有许多经典都详细地指导我们如何获得心内的空间，譬如《维摩诘经》中的"不二法门"，能开展我们心内的世界；《华严经》中重重无尽的华藏世界，能扩大我们心内的空间。一个人如果能够把握自己心内的空间，也就可以同时获得心外的空间。

(二)从前进的空间说到回头的空间

人生若能积极前进,固然很好,但是懂得回头的空间却更重要。平常在我们活动的空间里,大家只知道向前行进,而不知道还有一个退后回头的空间。一般社会上的人,往往凭着一股勇气,在人生的战场上,冲锋陷阵,争取功名富贵。一旦碰得鼻青脸肿时,有的人知道回头,有的人却顽强地直往前冲,甚至跌得粉身碎骨。其实在佛教里,佛陀早就指示我们,人生有两个方向世界:一个是前进的世界,一个是回头的世界。如果能同时把握这两个世界,前进的时候前进,回头的时候回头,则好比人有左右两只手,顺遂自如,人生便能更臻于完美。佛教有一首描写退步求全的诗偈:

手把青秧插满田,低头便见水中天;

六根清净方为道,退步原来是向前。

这首诗借着农夫弯腰插秧,告诉我们要认识自己,观照自己的本性,必须退步低头;回头的世界比向前的世界更辽阔,低头的天地比抬头的天地更宽广。唯有回头、放下、忍让的世界,才能使我们更逍遥自在。

在人生的旅途中,遭遇到坎坷挫折时,如果能抱持"退一步想,海阔天空"的襟怀,则何处没有光风霁月的空间?遭遇到颓唐失意时,如果能记取"回头是岸"的古训,则何处没有美丽光明的希望?

水,在世间上是最普遍,也最为人类所需要的。观水的流势,当它从山峰上急泻而下的时候,气势澎湃,而当它在平地上缓缓流动,遇到岩石壁岸阻碍的时候,一定会转变方向,改道而流。一个人在世间上为人处事,如果能像流水一样,随时知道应变,不必硬冲直撞,定能无往不利,事事顺遂。

有一些人看到学佛的人便说:"你们信仰佛教,不抽烟、喝酒,不打牌、跳舞,丝毫没有人生的享乐,这不是太消极了吗?"难道要抽烟、喝酒、打牌、跳舞,才算是积极的人生吗? 佛教徒是深深体会到荣华富贵的虚幻不实,而从吃喝玩乐的声色犬马中回过头来,积极地从事修行办道、弘法利生等事业,这种人生是消极的吗? 如果能够真正体会回头的空间的意义,即从恩怨莽撞、虚荣奢靡中回头,那么我们的人生将是前进、积极、幸福、快乐的人生。

(三) 从有相的空间说到无住的空间

这个世间形形色色、灯红酒绿,像个五彩缤纷的万花筒,这些都是有相的空间。我们在这个有相的空间中,追逐着人生种种的享乐,于是金钱使我们迷失本性,爱情使我们神魂颠倒,名利地位使我们忘却安危,铤而走险。我们被花花绿绿的世界所迷惑,不知道这些都是假相,都是不实在的,而对它执迷不舍。《金刚经》上说:"凡所有相,皆是虚妄。"世间一切事物,只不过是因缘和合、有条件的存在。如果有缘承受佛法,了解这个道理,就可以从虚妄的、有相的空间里超脱出来,进入无住的空间,那才是一个解脱的世界。

什么是无住的空间? 无住的空间,不是叫我们不要吃饭、不要穿衣、不要睡觉,而是一样的吃饭、穿衣、睡觉,却不被这些琐碎的事情所羁绊,即是住于生活之中,而不被生活所牵系。古德说:"犹如木人看花鸟,何妨万物假围绕。"农夫为了防止飞禽昆虫来啄食谷类,制造一个木头人,放在稻田中央,用来恐吓鸟儿昆虫。虽然鸟儿昆虫、稻田花草热闹缤纷,木头人却丝毫不为外境所动。这意思是告诉我们:一个人生活在名利金钱之中,要修养到犹如木头人一般,即使面对色彩缤纷的花花世界也不会动摇内心的境地,这就是无住的生活。

我们赞叹一个人品格高洁,说他远离俗尘,超然俊逸;但是一个住在红尘,却不为氤氲所染的人,才更是豪迈脱俗。池里的莲花所以为诗人雅士所歌咏赞赏,是因为它出于污泥而不染。一个人生活在社会洪流里,若能不随俗浮沉,固然难得,如果与世尘同流而不合污,更是可贵。所以佛教认为远离外境,潜居山林修行,非上上乘,住在闹市,仍能不为外境所转移,才是上上乘。所以说"大隐隐于市"、"热闹场中做道场"。参透有相空间的虚妄性,对于世间的一切,不会生起执着,就能过着无住的生活。

古来很多大德都有这种境界,譬如:陶渊明的"结庐在人境,而无车马喧";维摩诘居士的"虽处居家,不着三界;示有妻子,常修梵行";一休和尚的"背负女人,却能坦荡无碍";一个人如果能体会无住的空间,则何处不能自在逍遥呢?所谓"百花丛里过,片叶不沾身",是何等的洒脱逍遥。

因此,把整个空间的前后、内外、虚实都认识清楚之后,才能扩大我们的生活领域,而进入一个学佛者所要追求、向往的更大空间。

二、生活的时间——以短为长的佛教生活

《八大人觉经》云:"人命在呼吸之间。"此即说明生命的短暂与无常。虽然传说彭祖活了800多岁,甚至天人也可活几万岁,但是以无始无终的阿僧祇劫来看,也不过如朝露般短暂。因此每一个

人应该珍惜时间、利用时间,以有限的时间,充实无限的生命;以有限的时间,发挥生命的价值。以下从三方面来说明生活的时间。

(一) 从零碎的时间说到一贯的时间

一个人活在人世间,无论活到70岁、100岁,在每一期的生命过程里,为了生活的需要,我们不得不把有限的时间再分割成零碎的片断。譬如有时候要吃饭,有时候要睡觉,有时候要办理公务,有时候要处理家事。为了吃一餐饭,要花几个小时去想菜单、买菜、烹煮,即使不自己动手,上馆子吃饭,也要花时间走上一段路。为了想睡个觉,要打扫房间,要整理床铺,躺下来还要辗转反侧,久久才能成眠。

吃饭、走路、睡觉,虽然不一定是自己心甘情愿要做的事,却是生活上不可或缺的事。在我们短暂的生命旅途中,如果把每天吃饭、睡觉、走路、上厕所、洗澡的时间全部扣除,剩下的还有多少呢?再者,人生虽然有数十寒暑,除去嗷嗷待哺、懵懂无知的幼年,和垂暮多病、心力交瘁的老年,真正能够发挥智慧、为人类贡献的时间,实在少得如海中水沤,太有限、太短暂了。

我常常鼓励人,不论是年轻的读书朋友,或是虔诚的佛教信徒,要能利用零碎的时间用功或修行。譬如在学院念书的人,吃罢早饭,还有15分钟才上课,有些人就坐在那儿闲谈,打发时间,何不趁这机会背诵一课书,或者抄写一段笔记,为什么要白白把时间浪费呢?家庭主妇在厨房做菜,或打扫房间,不也可以在心中默念佛号、观想圣容吗?上班的公务员,更可以利用等车或乘车的时间,观想或念佛。

古德曾勉励说:"少说一句话,多念一声佛。"或说:"病从口入,祸从口出。"在闲聊时,我们常因得意忘形,或一时不留意而得罪了人。所以,利用闲谈的时间,多念佛号,多观圣容,不但可以免造口业,还可以增进道业,何乐而不为呢?如果能常常这样用心,相信吃饭也好,走路也好,睡觉也好,办事也好,一定能够安心自如。

生活在这个忙碌的工业社会里,如果不能随时利用零碎的时间,一定会觉得时间不够用,生活无所适从。因为日出而作,日入而息的悠闲农耕社会已经过去了,随着社会结构的改变,我们必须拾掇零碎的时间用心思考,把握"浮生半日闲"的片刻,才能完成许多的心愿和事业。

创建佛光山之后,时常有人问我:"你没有学过建筑,怎么会建房子?你没有读过师范,怎么会办教育?"我告诉他们:"我没学过建筑,也没进过师范。但是,我从大陆到台湾,又从台湾到世界各国,我走过很多路,见过很多房子,每次我都会注意别人怎么建房子,也常设身处地想过:如果我是个建筑师,这栋房子应该如何设计?这块土地应该如何规划?如何使它更整齐美观?过去,当我还在学院求学时,我就思考:假如我将来办教育,我将如何计划,如何实践理想……由于过去的用心,所以一旦机缘成熟,不论创建道场、筹办学校,一切构想早已成竹在胸,因此工作能够顺利进行。"多利用零碎时间,多用心思考,就是我创建佛教事业的秘诀。

很多人不会利用时间,还嫌时间难以打发,譬如坐上车子,不是闲聊,就是闭目睡觉。一个不会用心思考、不会争取时间、不会利用时间的人,是不太可能有大成就的。念佛的人,心里的佛号是毫不间断,即使走路、上厕所、洗澡,都可以绵接零碎的时间,一贯我们上求佛道的心志。总之,不论生活、事务或环境如何转变,我们的心境能不为动摇才是最重要的。

(二) 从等待的时间说到创造的时间

"韶光易逝,岁月荏苒",光阴是无情的,如轻烟、白云,当你稍不留意时,它已消逝得无影无踪。岳飞说:"莫等闲,白了少年头,空悲切!"人生要及时努力,因为生命不能等待,等待只有让时光蹉跎、岁月空过。短暂的人生,应该随时把握,充分利用,不能因循苟且,要富有进取心,勇敢向前。

过去四川有两个人,同时发愿欲朝礼普陀山观世音菩萨,其中一人表示:让我筹妥资粮,备好船只,将顺江而下,朝礼普陀。另外一人,身无川资,沿门托钵,徒步而行。时隔多时,徒步者已朝拜过普陀山,再返回四川去;可是前一个人还未购妥船只,更遑论出发了。

这件事情告诉我们:凡事不需要等待,等待又等待,浪费了多少宝贵的时光,一个人的生命有限,时间容许你三等四拖吗?所以,只要是对大众有利、对佛教有贡献的事,应该及时把握时机,努力去创造,不要等待机缘错失,造成终生憾事。尤其是年轻人,更应该珍惜英年大好时光,发愤图强,不要等到白发皤然,才唉声慨叹"空负少年时"。聪明的人,不会缅怀过去,也不憧憬未来,而是及时把握现在,努力振作。

时间的漏斗无影无踪,常常在我们不经意中点滴消逝。虽然如此,只要我们处处留心,仍然可以利用时间创造不朽的生命。佛法所谓"真空妙有",即告诉我们在似无的"空"中,可以生出"万有"来。

譬如几十年前,佛光山原是一片荒山,杂草丛生,荆棘满布。当时,有人怪我,为什么好好的都市不要,却要这什么都没有的荒山?可是,一股信心支持着我,天下无难事,只要去做,绝没有不成功的。凡事不能等待,必须着手去做,只要将等待的时间改成创造的时间,则腐朽也可以转成神奇。以自己的至诚、发心,在无声无息的时间里,创造出有益大众的事业;在时间的齿轮里,走向永恒无尽的目标。

阿弥陀佛的极乐世界,是依凭着阿弥陀佛的四十八大愿而创造出来的,那四十八大愿,也是在无量阿僧祇劫中完成。因此,我们不能等待阿弥陀佛来接引我们,应该努力去修行,认真去创造,以自己的愿力,加上虔诚的勤修念佛,自然能与阿弥陀佛的愿力契合,创造出属于自己的一片极乐净土。

(三)从短暂的时间说到永恒的时间

假如说人生只有几十年的岁月,那么这种人生未免太短暂、太乏味了。人生所以有意义,在于它那永恒的生命。有人以为人一死亡,一切就结束了,殊不知一期的生命虽然灭亡了,却又有一期的生命正在开始。依佛法解释,人是死不了的,死亡如同搬家一样,这一座房子古老破旧了,换一栋新房子;一个人的色身衰老了,再换另外一个身体。当然,这和一个人的善恶业报有关。譬如勤劳刻苦的人,积蓄了很多钱,他可以从破旧的房子搬到高楼洋房。可是,经常吃喝嫖赌、不务正业的人,只有从高楼搬到违章建筑的矮小房子。一个信佛的人,可以借着平日做功德、行善业的力量,将来搬到极乐世界，住到黄金铺地、亭台楼阁皆是七宝所成的地方，这不是值得欣喜的事吗？所以"死亡"对佛教徒来说，并不可怕，也并不意味着生命的结束，而是永恒的生命的轮替过程。

我们如何才能从短暂的时间，证悟到永恒的生命？如何将有限的时间，发挥无限的价值？

有一位老先生，吃力地在庭院挖土种一株小桃树。一个年轻人路过，问道：

"老先生，你年纪这么大了，还种这棵小树做什么？不要说将来你吃不到桃子，恐怕你连它成长都看不到呢！何必这么辛苦，浪费体力呢？"

老先生直起身来，一手挥着汗，一手捶着腰，面带严肃，声音沙哑地说道：

"年轻人，你不懂得生命的意义，我种这棵桃树，并不是为自己享受，虽然等它长成时，我已经死亡了，但是，我的儿子可以在这棵树的绿荫下乘凉，我的孙子后代，可以享受累累的果实，你能说我种这棵树没有用吗？"

年轻人听后，哑口无言，衷心感佩老先生的人生哲学。古德说："前人种树，后人乘凉。"也说："前人铺路，后人走路。"人生的真正意义，应该是创造宇宙继起的生命。生命虽然是短暂的数十寒暑，它的价值却是永恒、无限的。譬如燃烧一根木材，一根烧过了，再放下一根，一根一根地接着燃烧下去，这前面的一根并不是后面的一根，但是，这后面一根的火，却是前面一根火的延续。一个人的生命，恰如薪尽火传一样，一期又一期地绵延传递于永恒。

既然如此，我们应该如何把握短暂的时间，去创造永恒的生命呢？儒家讲三不朽，即立功、立言、立德。有的人风云显赫，叱咤一时，留下英名让后人歌颂；有的人埋首著作，自成一家，藏诸名山让后人吟哦；有的人修持严谨，圆满一生，树立风范让后人景仰。

佛教则认为证悟法身，生命即能永远存在。因为法身尽一切时，遍一切处，无时无处不在。如佛陀虽然已于2500多年前进入涅槃，但是，他的生命却留在无尽的时间，遍布在无限的空间里。时至今日，大家仍然继承着他的生命，并且不断地在发挥着，这就是所谓生命的永恒。

三、生活的人间——以众为我的佛教生活

人是群体动物，不能离群索居。一个人想过着幸福快乐的生活，想在大众中获得和谐的人际关系，对于生活的人间，必须有一层透彻的认识与了解。关于这一点，分三部分来解说。

（一）从小我的人间说到大我的人间

这个世界是众缘和合而成的，不是属于某一个人所有，除了自己，还有很多人休戚与共地生存着。既然大家共存于这个世间，彼此就应该互相了解、互相帮助，和平相处，共同关心属于大众的每一个问题。

古人说："独乐乐不如众乐乐。"个人的享乐，其"乐"是有限的。譬如一个人欣赏电视，不如很多人共同欣赏比较有趣。而且自己的快乐和别人分享，快乐并不会减少。如同一支烛光，把它分传给很多支，每一支都点亮了，不但不会减少第一支的光明，反而更增加空间的亮度。人生的幸福快乐亦然，个人的快乐是建筑在大众共

同的快乐之上。一个家庭,父母子女围着用餐,父母的慈祥,子女的欢笑,和乐一团,即使饭桌上仅是粗茶淡饭,却能吃得津津有味。如果只有自己一个人,独坐桌前,面对孤影,虽然吃的是珍馐美味,也味同嚼蜡般枯燥。空荡的一栋房子,除了壁虎,找不到第二个人影,每天孤寂无聊,即使装饰再华丽,设备再完善,生活其中,亦毫无情趣可言。

由此可知,个人的独处,没有大众相处的快乐;把快乐分享给别人,又可以从别人的快乐中增添自己的快乐。因此,一个人要获得快乐,必须扩大小我,融自己于大我中,从大我中获得快乐。

同样地,佛道在世间,佛道在大众身上。想求得佛法,更须化私为公,化我为众。唯有化私为公的生活,才是心安理得的生活;唯有化我为众的生活,才是有意义的生活。

几十年来,我个人即朝着这个方向在努力。我一直很喜欢佛教文化事业,过去自己写文章、出版书,以这些所得,曾经买过一栋精美的房子,住在里面,读书写作倒也逍遥自在。虽然如此,后来我还是把房子卖了,我一直希望能为佛教多贡献一些,遂以所得150万元买了一块荒山,开始创建佛光山。我将个人所有奉献给佛教,为佛教创办事业,教育人才。我的人生虽然一无所有,但是,我的心里却觉得非常富裕,我的生活也充满法乐。

现在佛光山办有佛教学院,有不少佛教青年来研究佛学,从他们朗朗的读书声,与他们蓬勃的朝气中,我体验到佛教充满前途希望的快乐。每天接踵而至的善信男女,虔诚地来山朝圣、礼佛,从他们充满法喜的脸上,我感受到佛教深入人心,敦厚风俗的快乐。所以,一个人如果能从小我中脱颖而出,化小我的人间为大我的人间,他会觉得这种无我的人生更有意义,生活更加快乐。

(二) 从造作的人间说到忏悔的人间

每一个人生存在世间,身口意随时都在造业,身体上的举止动作有善恶的行为;嘴上的说话,有善言恶语;内心的意念,有善恶的思想。一般而言,这当中与善业相应者微乎其微,与恶业相应者却比较多。因此,我们要常常怀着忏悔惭愧的心。

"忏悔"是一个非常殊胜的法门,其功德不可思议。譬如一个学生犯了过错,到训导处认错忏悔后,他仍然可以成为健全的青年。一个出家人要经常忏悔,从忏悔中可以消除往昔所造之恶业。"忏悔"犹如菩萨的慈悲法水,借此法水,能够洗涤无始以来的罪愆,获得清净的佛道。

人生在世,虽仅数十寒暑,但是,为了事业,为了家庭,难免奔波劳累,甚或与人争执计较,不知造作了多少身口意的善业与恶业。如果能够及时反省忏悔,则善业增长,恶业消除,仍然不失为堂堂正正的人。因此,佛经云:"不怕无明起,只怕觉照迟。"无明烦恼生起现行,只要及时觉悟忏悔,仍然是个清净善良的人。一个人最怕的不是犯了过失,而是犯了过失仍不知道悔改。如同陷入错误的泥淖里,若能及时回头,仍可得救。如果一意孤行,自怨自艾,耽溺于过失中不肯自拔,则将越陷越深,终于遭到灭顶。佛教里的《梁皇宝忏》《大悲忏》《八十八佛忏悔文》等,都是教人常行忏悔;所有罪过,一经忏悔表露,如同经过法水洗净,不会再遭遇旁人的责难与遗弃。

了解了忏悔的意义与功德,我们应该如何忏悔?除了佛教的布萨、拜愿,有一个在人际间最行得通、最能够获得和谐的妙法,就是不论在什么时候、什么地方都牢牢记着"你是好人,我是坏人"的铭言。一般人都是处处维护自己,认为只有自己才是对的,只有自己才是好人。曹操曾说:"宁可我负天下人,不可天下人负我。"可是,一个信仰佛教的人,却须处处为别人设想,大家都是好人,只有我是坏人。如果世间上每一个人都能有这种观念,相信这个世界是和谐的,人我之间绝对没有争执的事情。举个例子说:

张三把电风扇打开了。李四不喜欢,开口大声说道:"喂!不要只顾自己吹,想想别人已经感冒了,赶快关掉!"

张三不服气说:"你自己感冒,站到旁边去!别人热死了也不能吹吹风吗?"

"我为什么要站到旁边去?"李四发火了。

两个人因此争执起来,一个要开,一个要关,吵得不可收拾。

再举个例子,甲从外面进门,刚坐下,一阵风吹来,门"砰"一声关上了。乙坐在里边看书,被这突如其来的声响弄得起烦恼,骂道:"进来也不会随手关门!"

甲一听,反驳道:"门本来就没关,你怪什么啦?我怎么知道会刮风?"

乙不服气,两个人终于冲突起来。

分析上面两个例子。如果张三和李四都能站在对方的立场想一想,相信两个人绝不会起争执的。譬如张三得知李四感冒,赶快说"对不起",把电扇往旁边挪一挪,不就没事了吗?

甲乙两个人的争执,如果在乙发怒时,甲适时地道一声"对不起",又有什么争执可起呢?

每个人先承认自己是坏人,凡事都是自己的错,勇于认错,勤于忏悔,则无明烦恼亦无从生起,人我相处,自能和谐,生活即可获得幸福快乐。

(三) 从接受的人间说到报恩的人间

社会上一般的人,处处都在争取自己的利益,只想获得,不能施予。

阎罗王对着两个小鬼说:"让你们到人间投胎做人,一个一生给别人东西,一个一生从别人那里获得东西,你们愿意投胎做哪一种人?"

小鬼甲听了,赶快跪下来说道:"阎王老爷,我要做那个一生从别人处得到东西的人。"小鬼乙选择当个一生给别人东西的人。

阎罗王抚尺一振,宣判道:"下令小鬼甲投胎到人间做乞丐,可以处处向别人乞讨东西;小鬼乙投胎富裕人家,时常布施周济别人。"

一般人往往凡事都以自己为前提,只想接受,不想付出,当然,更遑论报恩了。我们学佛的人,应学习佛陀的慈悲,以大众的安乐为安乐,有"先天下之忧而忧,后天下之乐而乐"的抱负。对于宇宙世间,要能知足、感恩,要有"我能给别人什么"的胸怀;不能自私贪求,只想"别人能给我什么"。因为施者的境界,比受者更宽大;施者所获得的快乐,比受者更丰富。唯有分享快乐给人,懂得报恩的人生,才是有意义、有价值的人生。

我们要感恩什么呢? 佛教说"报四重恩":(1)感念佛陀摄受我以正法之恩。(2)感念父母生养抚育我之恩。(3)感念师长启我懵懂,导我明白真理之恩。(4)感念施主供养滋润我色身之恩。

除上述以外,我们要感念众生自旷劫以来供我所需之恩;感念宇宙自然界的太阳供我光明与热能,空气供我呼吸,雨水供我洗涤,花草树木供我赏悦等等。一个人应该时时自忖:自己何功何德,而能生存于宇宙世间,接受种种供给,不虞匮乏?每一个人都要抱持感恩的胸怀,感念世间种种的给予。如果我们能时时以感恩的心来看这个世间,会觉得这个世间很可爱,自己很富有。

古来的大德,都知道从感恩中去体证佛法,如印光大师21岁出家,在一个寺院里挂单当水头,每天烧热水供应全寺大众,柴火没有了,还要亲自上山砍伐。如果是现在的人,可能会怨恨寺院的住持和执事太残忍了,分给自己如此粗重的工作;但是印光大师却非常感谢:"你们对我太好了,给我的恩德实在是太大了。你们准许我挂单,并且给我学习的机会,我要感恩图报,把热水烧得更好!"

印光大师带着感恩的心情,虽然做的是粗重的工作,却也能够逍遥自如。过去的人都是"滴水之恩,当涌泉相报",如韩信接受漂母一饭,后以千金相报。人与人的相处,若能时时怀抱感恩的心情,则仇恨、嫉妒便会消失于无形,是非烦恼自然匿迹于无影,生活的人间自可获得和谐美满。

佛教常被人误解为太玄妙、太深奥、太迷信,似乎和人间生活脱离关系,其实,若真了解佛教,体悟佛教,就知道生活与佛教有着深刻不可分离的关系了。

1975年4月讲于台北志莲精舍

佛教与生活(二)

佛法的真理在何处?
就在世间的衣食住行上,
就在人我的处事经验上,
如果能将佛法付诸生活上实行,
则能一生受用无穷。

《佛教与生活(一)》从生活的空间、生活的时间、生活的人间三方面阐述了佛教与生活的关系;本文从佛教的物质生活、佛教的处世生活和佛教的精神生活三方面再解说佛教与生活的关系。

一、佛教的物质生活——衣食住行上的佛法

(一) 从《阿弥陀经》里看衣食住行的生活

一般人都以为佛教讲四大皆空,应该只重视精神生活,而不重视物质生活。因此,有些人对于信奉佛教,会退避三舍,以为信了佛教,一定要吃苦,好的衣服不能穿,好的饮食不能吃,甚至高楼洋房不能住,既然信仰佛教必须吃苦,我为什么要去自找苦吃呢?其实,佛教有多种内容性质,过分强调苦空无常生活的方式,往往不能吸引一般大众的信仰。

《阿弥陀经》里叙述的极乐世界,在物质生活方面是丰裕而富

有的,道路是"黄金铺地";房子是"七宝楼阁",尚有七重栏楯、七重罗网、七重行树,皆是四宝周匝围绕;另有七宝池,池底纯以金沙布地;四边阶道,亦以金、银、琉璃、玻璃等宝合成;穿的衣服,所谓"思衣得衣";吃的食物,是"思食得食";交通工具则是"飞行自在"。

从极乐世界的物质生活,可以知道信仰佛教不一定要吃苦。从净土法门的角度来看,佛教是一种"幸福"之教,信仰佛教可以获得幸福、快乐。

佛教也常讲苦,所谓三苦、四苦、八苦、无量诸苦。佛教讲苦的原因,是在说明"苦是入道的增上缘",并不是指信仰佛教就要受苦,也不是说只有受苦才能得到解脱,苦,只是娑婆世界生活现状的事实。

佛教的教法并不特别标榜"苦",因为太苦的人生如槁木死灰,但也不叫人热衷于对物质的追求,因为欲壑难填,有了洋房,还要汽车;有了电视机,还要空调,终日汲汲于物质的享受,岂不成为物欲的囚犯,还有什么信仰的快乐可言?因此,"受苦"与"纵乐"两种极端的生活,都不是佛教所要求的生活。

《阿弥陀经》虽讲丰富的物质生活,却在物质生活中实行佛法;《金刚经》讲"应无所住而生其心",也不是要我们放弃所有,而是强调佛法的中道生活;在苦乐之间的中道生活,才是真正的佛教生活。

(二)从五乘佛法看衣食住行的生活

所谓五乘,即人、天、声闻、缘觉、菩萨,这是学佛的五种阶位。在人天乘的佛法里,非常重视物质生活;在声闻、缘觉的阶段里,则较重视精神生活。人天乘的对象,是在家众;声闻、缘觉的对象,是出家众。时下一般弘法者,常有一种错误的观念,就是常常将对声闻、缘觉的要求,用来要求人天乘的大众。譬如素食、苦行,是声闻、缘觉的修行方式,如果用这些方法来要求在家人的生活,似乎不太恰当。

佛教里常常讲"发心",所谓"发心",即发三种心:(1)发增上生心,可以招感人天果报;(2)发出离心,可以招感声闻、缘觉的果报;(3)发菩提心,可以招感菩萨的果报。

发增上生心招感的人天果报,对物质生活并不采取否定的态度,譬如"功名",人天乘的佛法并没有禁止追求,甚至求得越高越好;"财富",黄金不是毒蛇,甚至拥有越多越好。在人天乘的佛法里,不把功名富贵看成是绝对可怕的东西,只是当你求功名求富贵时,必须用合理的方法,有了功名富贵,也要好好用来造福人间。

世间有一种人,对于功名富贵不感兴趣,他想舍弃功名富贵,一心求法,这种人接近声闻、缘觉的根性,发出离心,可以舍俗出家。否则,即使已经剃发染衣,现出家相,但是对世俗的荣华富贵没有舍离之念,仍不能算是真正和出家法相应。

发增上生心的在家居士,在社会上营求功名富贵,过着有夫妻儿女的伦常生活,是佛法所允许的,丝毫不必有惭愧或罪恶的感觉;重要的是无论如何追求功名富贵,不可作奸犯科,不可邪僻淫乱,在世俗正常生活的范围内,是不违背佛法的。

(三)从日常生活中看衣食住行的生活

衣食住行在日常生活中是不可或缺的,即使成了觉者的佛陀,也离不开衣食住行。不过,佛陀虽然在衣食住行上与一般大众无异,但是,它却具有完全不同的意义。《金刚经》说:"尔时世尊食时着衣持钵，入舍卫大城乞食。于其城中次第乞已，还至本处，饭食讫，收衣钵，洗足已，敷座而坐。"

这一段经文是描写佛陀的日常生活，乍看之下，与一般人完全一样，但是，如果我们深入体会，则可以发觉这些平凡的生活方式里，包含着不同凡响的精奥微妙之处。

"食时着衣持钵"，象征佛陀的"持戒"生活；"入舍卫大城乞食"，是信众供养"布施"，佛陀布施佛法给供养者。"次第乞已"，是"忍辱"的表现，因为佛陀乞食按着次序，挨门挨户而去，并不因为某条街有较好的供养，就特别舍近求远，而是随缘次第托钵，即使所乞得的食物粗劣难咽，也需要忍耐，这是佛陀所行的忍辱波罗蜜。乞食回来，"还至本处"、"收衣钵"、"洗足已"、"敷座而坐"，这些是表示佛陀的"精进"波罗蜜、"禅定"波罗蜜。佛陀日常生活中，穿衣、吃饭、行路、静坐，哪一样不是佛法？佛法就在日常生活中。

一般人不了解，往往忽略了近在身边的佛法，而千里迢迢地去外面追求。历史上很多禅师大德，在吃饭中，或在打扫、耕作中，偶然一些撞击就开悟了。甚至有人听到风吹竹子声，或邻家小孩的哭声，都可以开悟。因此，我们修学佛法，固然要向藏经去探寻，向善知识去参访，却不能忘了在我们的日常生活里，吃饭、穿衣、睡觉，处处都有佛法。

既然衣食住行的生活是每一个人都免不了的，那么，我们如何从衣食住行中去了解佛法？

在穿衣方面，一般人大都很重视衣着的华丽，你看百货公司里，五彩缤纷，各色各样，极尽其奢侈的名牌，但是，这些只能装饰外表。外表是虚假不实的,一个人身上穿着丝织绸缎,内心却装满着贪瞋愚痴,这种人只是虚有其表。佛教告诉我们不能只重视外表的装饰,更应重视内在净化的充实,一个心里充满慈悲和道德的人,即使他身上只有一件粗布外衣,也不会减轻别人对他的尊敬;因为内在的美,如山谷的幽兰,洋溢着阵阵芳香,使人心情怡悦。所以,一个学佛的人,不必过度重视外表的衣着,用华丽的衣着来装饰自己,必须注重内心的修持,用高尚的气质,以道德的修养,来庄严自己。

人的身体是四大和合的假体,没有真我可得。但是,我们要修行,必须借用这假合的色身,一旦失去了身体,则没有修行可言,所以,虽是假合的躯体,仍然要滋养它,即所谓"借假修真"。

知道了"借假修真"的道理,在吃的食物上就不会计较它的好坏,斋堂五观想中的"正事良药,为疗形枯",说明饮食如药物,只为了滋养色身,难道一个病人还能计较药品的甘美苦口吗?佛在世时,规定弟子托钵乞食,不另营食事,就是这个道理。

我们对于"住"应抱持怎么样的态度呢?俗话说:"日食一饱,夜眠一床。"不论是高楼洋房也好,茅棚小屋也罢,一个人躺下来不过3尺宽6尺长的一席地,人生又何必汲汲于为住而苦恼呢?

明朝开国君主朱元璋,小时候曾在皇觉寺当沙弥。相传有一次朱元璋外出,回寺时夜已深了,寺门已经关闭,不得已只好在寺外席地而睡。当他躺在地上,望着夜空满天星斗时,兴之所至,吟了一首诗,曰:

> 天为罗帐地为毡,日月星辰伴我眠;
> 夜间不敢长伸足,恐怕踏破海底天。

朱元璋当时虽是个小沙弥，但是从这首诗里，可以看出他的胸襟，以天为罗帐，以地为毛毡，日月星辰伴我安眠，夜里还不敢把脚伸长，只因为怕踏破了海底的天空。这是多么洒脱超然的境界，其气魄真不同凡响。

因此，胸襟宽阔的沙弥，虽然席地而卧，却有法界在我一心的感觉；而一个度量狭小，不满现实的人，即使住在摩天大楼里，也会感到事事不满意。所以，一个学佛的人，要先扩大自己的心胸，将佛法应用在生活上，则不论居住在何处，每一个时辰，每一个地方，都会感到称心如意，生活愉快。

慈航法师遗书说："只要自觉心安，东西南北都好。"既然如此，宇宙之间，又有何处不可安身呢？

再提到"行"的问题，只要有一颗"真心"，自然可以畅游法界虚空。从前，只有自行车的时候，人们都觉得自行车比走路快得多；当汽车在马路上奔驰时，人们又觉得自行车太慢了；到了飞机在天空中翱翔时，大家又嫌汽车的速度不够了。世界上的交通工具有哪一样才是绝对的快呢？那就是我们的"心"。

《阿弥陀经》云："从是西方，过十万亿佛土，有世界名曰极乐。"过十万亿佛土远的世界，如何能去得呢？"于一念顷，即得往生。"在一念之间，我们的心就可以抵达极乐世界，可见心的妙用，是多么不可思议。

一个信仰佛教的人，最重要的是把握自己的心，驾驭自己的心；唯有用心去体会佛法，将佛法用诸日常生活，这种生活才是最幸福、最快乐的。

二、佛教的处世生活——人我相处上的佛法

（一）从四摄法上谈人我相处

所谓四摄法，即布施、爱语、利行、同事。我们与人相处，首先要时常布施结缘。有些人认为自己没有钱财，也不会说法，如何布施、如何与人结缘呢？其实，走在路上，与人碰面了，给人一个微笑，或是一个点头，就是布施；开口问一句"好"，道一声"早"，用嘴巴说一些关怀别人，慰问别人，给人欢喜的话，这些都是布施。

假如对人微笑，笑不出来；跟人点头，不太习惯；关怀、慰问，说不上口，也没关系，总有一颗心吧！当别人很有礼貌、互道安好的时候，心里要欢喜；当别人布施、做好事的时候，也要欢喜，这就是心的欢喜布施。

不过，有些人天性愚痴，习气难改，听到有人说好话，心里就不欢喜，还会不屑地说："这个家伙就是一张嘴，只会在表面上奉承，说好话。"看到有人出钱做功德，就说："他就会打肿脸充胖子，自己的生活都难过了，还拿钱布施，充当好人。"如果看到别人钱出少了，又说："吝啬鬼！钱财那么多，只出这九牛一毛，有什么了不起！"总之，不论别人怎么做，他就是不欢喜，连"随喜"的布施都不肯施舍。

所以布施的功德，在日常生活上是非常容易的，随口的布施，随手的布施，随意的布施，随喜的布施，随心的布施，不需要花很多本钱，随时随处可以做功德。

人间佛教所提倡的佛法并不是精辟深奥的道理，而是生活上大家都能做得到的。譬如上述的布施功德，只要在日常生活中多

用心思,切实去奉行,相信一定能够处处如意,人人有缘。

除此之外,还有爱语、同事、利行。所谓爱语,对别人说几句好话,用鼓励代替责难,用爱语帮助他人,莫要说话像刀剑一样,刺伤别人,让别人难过。所谓"同事",是能设身处地和对方一样,譬如:对方是个军人,和他谈商业,他不会感兴趣;对方是一个家庭主妇,和她谈政治,她也不喜欢。必须能够设身处地为对方设想,对方需要什么,就针对他的需要来讲说佛法。另外还有"利行",就是尽自己的能力,去做有利于他人的行为,凡事只要把握"真心为人"的原则,以诚恳、欢喜的心,事事就能够做得恰到好处。

(二) 从六和敬里谈人我相处

在佛教里,将出家人称为"僧伽",即"僧团"之意,又叫"和合僧"。所谓"和合僧",是指僧众在真理与行事方面都能和谐相处的意思。六和敬的意义如下:

1. 见和同解:就是思想的统一。在佛教里,大家讲究对佛法要有共同的认识,以佛法为行事的最高标准,不可越离轨道。

2. 利和同均:就是经济的均衡。在社会上,有钱的人要帮助穷困的人,有力的人要扶助弱小的人,让大家都能过安稳、舒适的生活。

3. 戒和同修:就是法制的平等。在生活中,个人不可拥有特权;在法制规章之前,应该人人平等。大家养成奉公守法的习惯,过着公平合理的生活。

4. 意和同悦:就是心意的开展。平时养成心胸的开阔和心意的和谐,不要比较人我得失,不要计较是非利害;心意的和悦才是天堂净土。

5. 口和无争：就是语言的亲切。人与人相处的不悦、误会等情况，大都是从言语上引起的。因此，说话恳挚，语气委婉，才能够和平相处。

6. 身和同住：就是相处的和乐。大家有缘相聚一处，讲求和谐快乐，你帮助我，我帮助你；你尊敬我，我尊敬你；平等的共居，平等的生活。

"六和敬"虽是僧团的生活守则，在家居士如果也能以思想统一、经济均衡、法制平等、心胸开阔、语言亲切、相处和乐等方法用诸日常生活中，就能拥有真正清净和乐的佛化生活。

（三）从四众弟子中谈人我相处

佛教有出家男女二众与在家男女二众，称为"四众弟子"。出家众和在家众，男众和女众都同样重要，应该互相提携，相辅相成，不能彼此轻视，互相排挤。

在一座古老的寺庙中，住着一位师父，带着两个小徒弟。师父患有风湿病，两腿行动不方便，每天分由两个小徒弟捶腿侍候。每次当大徒弟在捶右腿时，师父就说："你师弟捶左腿，捶得很舒服呢！你应该像他那样捶才好。"大徒弟听了，心里很不高兴。当小徒弟捶左腿时，师父也总是说："你师兄捶右腿捶得很好噢！你应该向他学习。"小徒弟听了，心里也很不舒服。

有一天，大徒弟来捶腿，心里想着师父对师弟的赞美，越想越气，心想，我如果把师弟捶的左腿打断，师弟没得捶，师父就不会说他好了。师弟看他捶的左腿被师兄打断了，一气之下，也把师兄捶的右腿打断。

两个徒弟因瞋恨、嫉妒，把师父的双腿打断了，害得师父变成没有腿的残疾人。这个故事说明佛教里的出家、在家二众，如果不能互相协调，出家人看轻在家人，在家人卑视出家人，佛教就无法兴盛。

一只手有五根手指头，每一根手指头长短不一，分开来每一根力道都很小，容易折断；如果把它合起来，成为一个拳头，就有很大的力量。在佛教里，寺院与寺院之间，僧众和信众之间，要互相往来；不论参禅、念佛、修密，互相尊重；出家人和在家人要共同为佛教效力。在佛教的大前提之下，大家是一师一道，应情同手足，互相照顾。尽管从这个寺院参访到那个寺院，从这位师父请教到那位师父，师父虽不同，但佛法是一样的。心地开阔，胸怀坦荡，内心不起分别心，所谓依法不依人。大家和平相处，团结合作，才能发挥佛教全体的力量，才是今日佛教复兴的重要关键。

三、佛教的精神生活——思想见解上的佛法

（一）从八正道中谈思想见解

精神，是一个人的思想见解，一个人的内心认识。学佛的人，应拥有怎样的精神生活？必须以八正道作为生活的准绳，而八正道里又以"正见"为首要，有了正确的思想见解，才能过着真正富足的精神生活。

"正见"像一部"照相机"，拍照焦距不准确，洗出来的照片就会走样。同样的，我们看世间上的人、事，和世间上的各种道理，如果思想的"焦距"调不准，世间上的一切事物就会变质。

我们常说"我以为……""我的意见是……""我认为应该……",其实,每一个人的见解,都有偏差的时候,唯有佛陀的见解才是正确的。佛陀教导我们要有四种正见,即:(1)有善有恶;(2)有业有报;(3)有前生有后世;(4)有圣人有凡夫。这四种正见是如实理、如实解、如实见、如实证。我们对于佛陀不起怀疑,对于因果义理有肯定的认识,这就是我们的正见。

有人说:"我念佛念了几十年,可是却越念佛越贫穷。"说这种话就是没有正见。佛陀又不是我们的财神爷,也不是我们的经理、会计,他怎么能替我们管钱呢?再说,念佛是要求往生净土,怎么跟佛陀计算起钱来呢?又有人说:"我吃素信佛了几十年,身体却越来越不好,生意也越来越潦倒。"这种想法也很怪异,身体不好应该看医生,平时不注重运动,不注重营养,不注重修持,身体怎么会好?至于生意潦倒,自己不善于经营,不勤劳,不奋斗,事业怎么能顺利呢?还有一些人,信了佛教以后,把所有不如意的事情都归罪于佛教,这都是不正见而愚痴的思想。一个有正见的佛教徒,为了信仰,即使牺牲生命,也在所不惜,这才是根本的正见。

(二)从高僧行谊中谈思想见解

隋朝提倡三阶教的信行大师,曾经搬到一个山坡上去居住。有人问他为什么?他说因为那里太陡了。过去的车辆都是用推的,或是用拉的,到了那个山坡,常常进退两难。信行大师每天于礼佛之余,就在那里帮人推拉车子。由于他有服务众生的思想,常常在服务、助人的生活中获得快乐。

唐朝百丈禅师提倡"一日不作,一日不食"的生活原则。他每天一定要工作之后才吃饭,后来年纪大了,身体衰老了,弟子们不忍心他终日辛劳,遂把锄头、工具等收藏起来。老禅师找不到工具,竟终日不吃饭,弟子们不得已,只有把工具拿出来还给他。百丈禅师认为在工作中才有快乐。

唐朝智实大师德高望重,闻名遐迩。一日,唐太宗请他吃饭时,将道士的座位排在前面,出家人排在后面,智实认为不妥,不肯就座。太宗一气,把他放逐到边疆受苦。有人认为智实太不自量力了,智实说:"我所以竭力争取,乃要让后人知道唐朝有出家人啊!"

智实大师为了佛教的地位,不惜冒犯皇帝,据理力争,是因为有信仰的力量在支持他。

历代的高僧大德,甚至民族英雄,为了真理,可以不计个人的成败得失,事事只求心安理得。所以,一个信佛的人,在日常生活中,凡事要求其心安,仰不愧于天,俯不怍于人,这就是正确的思想见解。

(三) 从修养深浅中谈思想见解

一个对佛法有基本认识的人,要有虽苦犹乐、虽难犹易、虽无犹有、虽死犹生的思想。一个对佛法有真正体验的人,在他的心目中,苦和乐不是两个,难和易不可分开,有和无没有区别,生和死本是一体。

有一位在家居士请教智藏禅师,问道:"有天堂和地狱吗?"

禅师点点头,说:"有啊!"

居士再问:"有因果报应吗?"

禅师说:"有啊!"

又问:"有佛、法、僧三宝吗?"

禅师答:"有啊!"

不管他怎么问,禅师总是回答:"有啊!有啊!"

这位居士听后,觉得很怀疑,再问禅师:"禅师,以前我在径山禅师那儿,我问他一样的问题,他都说:'无!无!'为什么禅师您却什么都说:'有啊!有啊!'?"

智藏禅师听了,微笑着说:"我问你,你有老婆吗?"

居士回答:"有!"

禅师又问:"你有儿女吗?"

居士答:"有!"

禅师再问:"你有田产房屋吗?"

居士答:"有!"

禅师换了一个方式,又问道:"径山禅师有老婆吗?"

"没有!"

"有儿女吗?"

"没有!"

"有房地产吗?"

"没有!"

禅师于是说道:"这不就对了吗?径山禅师讲'无',是讲他的境界,我回答你'有',是讲你的世界。"居士听后恍然大悟。

一般人总喜欢把苦和乐,难和易,分得很清楚,因此,苦的时候难过,乐的时候欢喜;有收获的时候雀跃鼓舞,困难的时候伤心颓丧。假如一个人能够把这些相对的观念调和厘清,不偏激、不极端,那么即使是生也好、死也好、苦也好、乐也好、难也好、易也好,不相妨碍,这就是洒脱自在的生活。

佛陀说法49年,目的是要将他所悟得的真理遍告世人。佛法的真理在何处?就在世间的衣食住行上,就在人我的处事经验上,如果能将佛法付诸生活上实行,则能一生受用无穷。

1975年4月讲于台北志莲精舍

佛教与生活(三)

佛教和我们的生活息息相关,在生活里俯拾即是。
无论是感情、经济、处世、道德等各方面,
如能将佛法落实、融入其中,
才是真正的"佛教生活化"、"生活佛教化"。

　　佛教界的人士,不论是出家的大德法师,或是在家的居士信徒,常常将佛法与生活分开,就是出家几十年的长老法师,有时候语言、行为、思想、观念,都和佛法的实践法门未能完全相应,在日常生活中,不能把佛法表现出来。因此,佛教与生活是一个学佛重要的课题,以下分三点来讨论。

一、净化的感情生活

　　在我们的生活当中,感情占有很重要的分量。人,又叫作"有情众生",是以感情来维持生命的。在佛教里,大家一向排斥感情,认为一讲到感情,就是罪过,就是不可原谅。其实,佛法很重视感情,只是我们要把感情净化。如何净化感情?要以慈悲来净化感情,以智慧来引导感情。佛教常说佛陀是一个大觉者,其实,佛陀就是一个有大感情的大智大觉的人。

在社会上，感情有很多种，夫妻有夫妻的感情，父子有父子的感情，兄弟姊妹有兄弟姊妹的感情，亲戚朋友有亲戚朋友的感情。感情维系了社会伦理，维持了家庭和乐的生活，不过，也由于离开不了感情，所以有些人在处理感情生活时无法尽善尽美而常常产生问题，可以说，感情为人们带来欢乐，也带来烦恼。我们应该如何净化感情呢？

（一）从占有到奉献

感情是自私的，俗语说："感情像眼睛，容不了一粒细沙。"连3岁小孩子对母亲的感情也往往不容许别人来占有，夫妻间的感情更不允许第三者的侵入。因此，当感情受到外人侵犯时，就会发生许多问题。

其实，真正的感情应该不是占有，而是一种奉献。但是，一般人却不容易做到，总是用嫉妒的心理来拥有感情，甚至用一种永不满足的态度来争取感情。这种感情并不纯洁，真正的感情应该从奉献中获得，因为用奉献的态度获得的感情才是最崇高的感情。

有位先生经营事业，处处顺利，在钱财积聚丰富，社会地位提高之后，他开始金屋藏娇了。他的太太知道先生在外面有了外遇，内心非常烦恼，每次先生回来，她总是板着脸，不是抱怨就是嘲讽，这样一来，先生更加不肯回到冷酷的家里，夫妻俩的感情愈来愈恶化。

有一天，这位太太哭哭啼啼地把这件事情告诉我，问我该怎么办？我对她说："我有一个办法，如果你能够奉行，应该可以使你们夫妻恢复原来的感情。"

"师父,您讲的话我怎会不奉行呢?请您指示吧!"

我告诉她:"你知道丈夫有了外遇,第一,不可揭穿他的秘密,要装作不知道,因为你一揭穿,先生老羞成怒,一不做,二不休,问题就更难解决了。第二,每天当你先生回来时,你要比平时更加尊重他、照顾他。女人要赢得男人的爱情,顺从是最重要的。你要对他更加体贴、更加贤惠,让他慢慢觉得外面的女人没有自己太太那么善解人意。时间一久,他自然慢慢回心转意。如果你只是恨他、怪他,事情只有更糟,你越是怨恨,问题越不容易解决,因为用爱才能赢得爱。"

这位太太听了我的话以后,确实照做了,结果也很圆满。她的先生本来对佛教没有好感,与佛教界不相来往,后来渐渐地欢喜与佛教接近了。原本这位太太常常在先生面前表现不满、埋怨、唠叨,让先生觉得回家没有快乐可言,终于在外面另筑香巢。后来这位太太的态度转变了,她以温柔相待,又细心地照顾先生的生活起居,让他觉得"家"是个温暖可爱的地方。所以感情不是用怨恨可以得到的。只有奉献自己、牺牲自己,才可以获得最宝贵的感情。当夫妻之间有了这一类问题发生时,无论丈夫也好,太太也好,不妨宽宏大量地说:"我爱你是为了给你幸福,既然你爱别人,在别人那里你才幸福,那你就去爱他好了,我不计较。"你如果能不计较,反而会胜利,会有意想不到的结果。

有一位青年朋友,因为情场失意,悲伤难过,想要自杀,甚至发狂要杀人。当时,我曾去看他,要他冷静一点,并且念一首《中央日报》副刊上的小诗给他听:

天上的星星千万颗,

地上的人儿比星多;

傻人儿,

为什么自杀只为她一个?

世界上的众生这么多,难道都不值得爱吗?何必苦恼只爱她一个人呢?

这位青年后来也想通了,奋发向上,终于成为一个有为的青年。

一个人想要占有才去爱别人,往往容易陷于苦恼;如果能以"奉献"的态度去爱别人,就容易获得快乐。所以,想要赢得真正的感情,"奉献"是最好的妙法。

(二)从多情到无情

一般人对佛教的看法,总认为佛法是寡情、是无情的。在寺院里,也常常看到这样的对联:"莫嫌佛门茶饭淡,僧情不比俗情浓。"这两句话是说不要嫌弃佛门中没有人情味,僧情虽然没有俗情的浓厚,但是,从寡情里面磨炼出来的另一种净化的感情,是更耐人寻味的。

唐朝的从谏大师,河南南阳人,中年出家,出家以后,20年中不曾回乡探亲。有一天,一位年轻人前来问道:"请问师父,这儿是否有一位从谏大师?"

"你找他做什么?"从谏心里虽有点讶异,却从容地问道。

年轻人说:"他是我的父亲,他出家20年了,我还没有见过他,我是来看我父亲的。"

"你父亲住在那边。"从谏顺手一指,径自离开了。

年轻人顺着从谏所指的方向去寻找,当然他没有找到,路旁的人告诉他,刚才那个人就是从谏大师。他飞快地奔回来,从谏已经走远,不见人影。

从谏看起来好像是个绝情的人,其实,他的内心有一股热烈的亲情在燃烧,只是他默默地把它埋藏在心里。因为从谏曾经听说他俗家儿子,因父亲出家,自己也信仰了佛教,并且经常从事各种慈善事业,如布施、修桥、铺路等有益于社会大众的事。大师心里觉得很安慰,但是又怕以后牵缠越来越多,所以拒绝了儿子的探望。这种感情,是关心在沉默里,关心在未来里,是一种最崇高、最真挚的感情。

有名的近代才子,多才多艺的弘一大师,俗名李叔同,出家前曾结婚生子,出家后居住在杭州虎跑寺。有一天,他的日本太太带了儿子来找他,在寺院里,只隔了一道门,弘一大师不肯出来相见,说话声也怕她听到,只差人出来传话,说道:"过去的李叔同已经去世了,希望不要再以他为念。"这位太太深知无法挽回丈夫的心,便把儿子送到北平给他的一个兄弟抚养,自己回去日本了。

弘一大师对待妻儿是这么的寡情,可是,他真是这么寡情的人吗?弘一大师对于佛教、对于众生充满了无限的关怀,无限的悲愿,他为佛教做下了许多事业,给人间留下了多少温暖,这种表现是真正寡情的人所做不到的。

(三)从有缘到无缘

一般人只对有缘的人、自己喜欢的人好,往往倾其所有,也在所不惜,把感情托付给他,甚至身心生命都可以全交给他。一个学佛的人则要有"无缘大慈,同体大悲"的精神,对待众生要从"有缘"的感情做到"无缘"的感情。对方待我不好没关系,只要有意义、有价值,都应该平等施予欢喜,施予关怀,不必计较利害得失。

身为父母者,对自己的儿女百般爱护,所谓"养儿防老",他们施予子女慈爱与关心,也希望将来子女能奉养自己,为自己养老送终。但是,如此的期待不一定能够得到效果,社会上就有不少忤逆不孝的子女弃养父母的事例。

现在有一种奖学金制度,奖励在学的贫苦青年,不论相识与否,只要符合领奖的条件,都可以申请,钱数虽不多,受惠者却常常感恩不尽,甚至视之如再生父母,念念于报答恩惠。俗语常说:"有心栽花花不开,无意插柳柳成荫。"因此,我们不要把感情用在少数人的身上,不要局限于自己所认为的"有缘"。应该扩大心胸,视一切众生都是我们的父母兄弟姐妹,学习观世音菩萨的"千处祈求千处应,苦海常作渡人舟",谁有困难,即施恩惠给谁,这就是菩萨的精神。

昔时南印度有一位贤惠的女人,名叫银色女。她不但品貌端庄,待人亲切,更是一个有智慧、有勇气的女人。

有一次,她从远方回家的途中,遇到一户贫穷的人家,家里只有一位产妇,她刚产下一个男婴,这小孩儿相貌长得很好。可是这位贫穷的少妇,却双手颤抖地抱着小孩,面露痛苦,泪眼婆娑。

银色女刚好从这贫妇门口经过,看到这情形,奇怪地探首问道:"你有什么困难吗?"

产妇说:"我……我饿得快……快要死了……"

银色女同情地说:"我去张罗食物给你吃!"

产妇说:"来不及了,我想……想……吞下这……小小孩儿……

充……充饥……"

银色女大惊,说道:"这可使不得,难道除了小孩儿,没有别的东西可吃吗?"

产妇叹一口气道:"没有了!"她双手仍紧紧抓住小男孩儿。

银色女心里下了很大的决定,在房子里搜索到一把利刀,走到产妇面前,撩起衣服,毅然地把两只乳房割下来,拿给产妇充饥,并说道:"你暂且吃下这些,我马上回去拿食物来,免得你再受饥饿之苦。"

银色女回到家中,家人看到她那一副血肉模糊的样子,都被吓坏,问道:"谁伤害你的?"

银色女安然无事地说:"是我自己做的,我为了救那个产妇和她的小孩儿,忍痛割下双乳。虽然我失去了双乳,却救了他们母子两条命。"

银色女的作为,充分发挥了菩萨的精神,她从自己喜欢的"有缘"人,做到救济那贫困、不带亲情无缘的人。所以,一个人的感情,不必施舍于限定的某些少数人,尤其是学佛的人,更要有"人饥己饥,人溺己溺"的大慈悲精神,发挥情感的极致,与众生同体,这就是净化的感情生活。

二、合理的经济生活

"感情"在生活里占有重要的地位,"经济"在生活中更是不可忽视。所谓"爱情与面包",孰重孰轻?其实两者均不可或缺。"人为财死"的事例屡见不鲜,常有人说:"只要给我钱,我什么事都肯干。"在金钱的诱惑下,什么贪赃枉法的勾当都做得出来,甚至为了钱财，朋友可以反目成仇，兄弟也会变成冤家；而"贫贱夫妻百事哀"，没有钱的人生真是事事难过。可见"金钱"在人的生活中占有多重要的地位。

在日常中应该如何安排一个合理的经济生活？

（一）从贫穷到富有

说到钱财，并非人人都能拥有很多钱财，"有钱要有有钱的命运"，"用钱要有用钱的福报"，一个没有福报的人，即使给他再多的钱财，他也无福消受。

佛教常教人要修福报，没有福报，到手的钱财还会再失去。循着正当的途径，努力耕耘，脚踏实地去经营，所获得的才是最可靠的。

佛陀有个大弟子叫迦旃延，他在诸弟子中是论议第一。有一次，迦旃延出外托钵，遇到一个贫穷的老太婆，随即上前说："老婆婆，我是来托钵的，请你布施一点给我好吗？"

老太婆皱皱眉道："我穷得连饭都没有得吃，哪里还能布施给你呢？"

"你说你很穷，那么你把贫穷卖给别人好了。"

"什么？贫穷可以卖？卖给谁？谁要买呢？"

"我要，卖给我吧。"

"卖给你？可是我怎么卖呢？"

"你要布施，布施就可以把贫穷卖出去。"

迦旃延于是教老婆婆布施一钵水给他，为她种下未来的财富。

一个人想要发财，并不是凭空妄想就可以得到，佛法告诉我们发财的方法就是布施,唯有布施才是发财的正确途径。可是,有些人一听到布施,就面有难色,裹足不前。其实,在佛法里面,布施是很容易做到的,只要对佛法有认识,虽然身在贫穷之中,也仍然可以布施,也一样可以过富裕的生活。

1949年,我从大陆来到台湾,仅有的一个包袱,在兵荒马乱中遗失了,身上除了一套衣衫、一双鞋子,什么都没有,真是"身无长物"。走在路上,发现路人都朝我脚上看,原来乡下地方的人都赤着脚走路,我为了怕本省的同胞觉得奇怪,就赶快把鞋子也脱下丢了,和他们一样打赤脚。后来,我又把仅有的一件长衫也送给煮云法师,这样孑然一身,了无挂碍。

最初,我想到台北某一寺院去挂单,可是一到那儿,他们告诉我已经人满,没有地方住。当时,外面雷雨交加,很多低洼地方积水漫过膝盖,我冒着大雨走向台北另一座寺院,没想到在路上摔了一跤,跌到水沟里,全身湿透,还被水冲了一段路,真是"屋漏偏逢连夜雨"。又到了另一座寺,当家师告诉我:寺里大法师交代,不接受外省人挂单。这下子根本没有地方可以再去了。那时,我饥寒交迫,身心疲惫,又没有地方可去,只好在那个寺院的大钟下屈睡了一个晚上。

翌日,茫茫然的,最后想到不如去基隆,找一找过去的同学。可是人地生疏,路又不熟,当我辗转找到了那座寺院时,已经下午1点多,寺里有人问我:"吃过饭没有?"

我说:"不只中饭没有吃,从昨天中午到现在粒米未进,滴水未喝。"

我的同学看到我,说:"赶快先到厨房吃碗饭吧!"

但是，就在那时，另外一个人说："某老法师交代，我们自身都难保，还是请他们另外去想办法好了。"

也难怪他们，在社会动荡、人心不安的时候，谁也顾不了谁。我看看他们，心想这地方也无法住下去，正想离开，有位同学过来招呼我，叫我等等，他自己拿钱去买了两斤米，煮了一锅稀饭给我们三个人吃，饭碗端在手里，我两只手还不停地发抖！吃罢稀饭，眼看只有告别而去。前路茫茫，人生地不熟，只有走到哪儿算哪儿。

后来，我到了中坜圆光寺，住持妙果和尚非常慈悲，他收留我们。当时，我感激涕零，下定决心替常住效命。老和尚叫我当老师教书，我心里想：一个逃难的人，奢想当什么老师？只要有地方住，什么粗活苦工我都不会推辞的。就这样，我在妙果老和尚那里一面教书，一面做事情。那时，该寺有将近 100 位的住众，每天所需的水，都要从井里一桶桶打上来，平均每天最少要 600 桶的水才够用。我每天毫无怨言地在井边打水，只希望多打一些，供应大家充裕使用。

除了打水供应大众，我每天一早还要拖着手拉车到镇上买菜。从寺里到镇上市场约有 10 里多路程，我拖着车子，走在黄泥土的路上，天上繁星点点，树梢微风轻拂，大地一片沉寂，只有远处偶尔传来几声狗吠，划破宁静的夜空，此时，我心里非常平静，默念着观世音菩萨的圣号，伴着滴滴答答的木屐声。常常我到了市场，卖菜人家还没有起床，几经叫唤，买妥了果菜，我又拖着沉重的车子，踩过黄泥路，回到寺中。

如此日复一日，我在妙果老和尚那里住了两年。身上只有一件小褂,脚上只有一双木屐。

那时,我虽然什么都没有,甚至要一支笔、一张纸写文章都得不到,但是,我却不曾感到自己贫穷,也不曾感到苦恼,相反地,我觉得自己很富有,自己拥有的非常多。

在我的观念里,一个人不必以拥有很多物质为满足。天上的日月星辰,其数无量,可以供我们自由欣赏;宇宙自然界的花草树木,争妍斗丽,可以供我们随意观看;东西南北的道路,任我们奔驰;士农工商各类阶层,随我们交往。我感到自己拥有三千大千世界般的富有,这就是我"富有"的妙方。

一个人想要富有,唯有从内心着手,因为外在的物质追求,永远没有满足的时候,人的欲望是永无止境的,若一味地在物质上追求,则内心将时常感到空虚,唯有心里的财宝才是丰裕、无限的,因此,我们应该向内心追求财宝。什么是内心的财宝?"真如佛性"是我们内心的财宝,佛法讲"如来藏",就是说众生心中藏着如来。如来,才是我们最珍贵的稀宝。

(二)从毒蛇到净财

一般人都以为佛法轻视财物。有道的人不肯讲钱,他们认为一讲钱,嘴巴就肮脏了,"要贫穷才算有道",其实,富贵又何尝不能有道呢?有人认为"黄金是毒蛇",但是若运用得当,黄金不也是成就道业的资粮吗?黄金不也就是弘法的"净财"吗?

《阿含经》上说:有一次,佛陀带着阿难出去行化,忽然在路上看到一块黄金。佛陀说道:"阿难,你看到吗?那儿有毒蛇。"

阿难朝黄金看看,回答佛陀:"是的。佛陀,我看到了,那是毒蛇。"

说完两个人就走过去了。

这时,在田里工作的父子俩,听说有毒蛇,就过来看看。当他们一看,是一块黄金!"哪里是毒蛇?刚才佛陀和阿难把它看成毒蛇,真是大傻瓜!"父子俩欢喜地说着,就把黄金带回家去了。

当时,印度的法律明文规定,百姓不准私藏黄金。这块黄金是被人从国库里偷出来而遗落在路上的。经过调查,这父子俩嫌疑最大,终于被治罪关进了牢狱。

父子俩为了一块黄金而被关在狱中,这时他们才觉悟佛陀所说的话。父亲回想着当日的情形,不禁喃喃自语道:"果然是毒蛇,不是黄金。"

儿子看着父亲,也若有所悟地说:"确实是毒蛇!"

但是,黄金也可以成为净财,因为贫穷才是罪恶。

今日中国佛教界,待我们去兴办的事业有多少?如果没钱,能够成办事业吗?例如重要的佛教教育事业,人才须靠教育来培植,如果没有钱,教室哪里来?教师怎么聘请?学生生活费用怎么办?总之,处处都要钱,有钱才能建最好的校舍,聘请最贤明的老师,甚至可以发放奖学金给学生,让他们安心求学,自然学有成就。一批批人才出来,自然能弘法度众,为佛教创办各种事业;只有佛教的事业兴盛,大众学道的资粮丰富,佛教才能发扬光大,造福众生。所以将"毒蛇"化为"净财",对佛教的益处很大。

(三)从邪命到正命

我们希望佛教人士发财,但不是用邪命方法发财,什么是邪命?就是不合理的经济生活。凡经营不正当的事业,都是邪命的生活。譬如开酒家、开赌场、卖钓鱼器具、卖打猎的猎枪,或者是算命、卜卦、看相等都是邪命的谋生方式。佛教不提倡看风水、择日期,《佛遗教经》曾指示佛教徒不应去仰观星宿、推算命运,因为这些都不是合乎因缘法的正命,都是佛法所不允许的。

印光大师在普陀山一住多年。后来,日本军队侵华,有一位住在香港的在家弟子,有一座宽大豪华的别墅要供养他,请他到香港弘法。

印光大师看看因缘成熟,便想前往,但当他知道那位信徒是经营酒厂的,随即决定不去,并告诉这位弟子:"你要我去,你就不要卖酒,因为卖酒不是正命的事业,我不能接受你不净的供养。"

佛法虽然准许我们经商办厂,做各种事业,但是伤身害命、迷惑人性的事业是不准许的。在八正道中有"正业"和"正命"两种,就是告诉我们,作为一个佛教徒,必须从事正当的职业,过正当的生活。

有了正当的职业和正当的生活后,若钱财有盈余时,该如何处理?佛法指示我们有几种处理方法:(1)要供养父母师长;(2)要让妻子儿女过着快乐的生活;(3)要扩建正当的事业;(4)要有一些储蓄,以备不时之需;(5)要布施、救济,以造福人群,广结善缘。各项的比例,大约如下:供养父母师长 2/10,妻子儿女的生活 4/10,扩建事业 2/10,储蓄以备不时之需 1/10,布施、救济、做功德好事 1/10,这是佛教教人处理钱财的方法。

社会上有很多富有的人,他们不知道布施种福田,也有一些贫穷困苦的人,却为了面子而强作金钱布施,这些都不是佛教所希望的。有些夫妻由于不合理的布施，导致家庭失和，譬如先生或妻子信佛以后，经常到寺院发心，布施做功德，却不管家里的生活，促使家庭失去平衡、快乐，这是不合理的布施。

布施，要在不自苦、不自恼的情形下实践，布施不一定要用金钱，只讲金钱的布施也是不合理的。有些信徒很发心，跑这个寺院，布施一点，跑那个寺院又布施一点。有一天，金钱没有了，哪里也不去了，因为"钱用完了，没有钱不好意思到寺院去"。这种信佛的态度是不正确的。信佛不一定要用金钱布施，比金钱更重要的，是心香一瓣、随心、随力、随喜的布施才是最重要的。信佛要真实，不必打肿脸充胖子，更不能为了信仰而导致家庭分裂，这在佛法来讲，都不是"正命"的生活。

三、正觉的道德生活

在人生旅途中，每一个人都应该过着正觉的道德生活。什么是正觉的道德生活？以下分三点来解说。

（一）从信仰到实践

一个人对佛教产生了信仰之后，必须将佛法实践于日常生活中。有些佛教徒，虽然有信仰，却不能实践，如佛法教我们要慈悲，可是有些人内心仍然充满瞋恨、嫉妒；佛法教我们要布施，可是有些人仍然悭贪成性，不肯喜舍；佛法教我们要正业、正命，从事正当的工作，过正当的生活，可是有些人仍是以赌吃玩乐为业。

南北朝梁武帝是一个信仰虔诚的佛教徒，他更热心于佛法的实践，在位48年，以佛法治国。他造金银铜等佛像，建爱敬、智度、新林、法王、仙窟、光宅、解脱、开善等寺；设无遮大会，供养僧众，数次舍身同泰寺，甘心以佛奴自居；又常搜求佛典，整理经籍；定所居之处为"净居殿"，勤修戒行。梁武帝的信佛，可说从信仰做到了实践，把佛法融合在日常生活之中。

佛陀在世时，须达长者信仰佛教以后，发心行大布施，以黄金铺地购得祇陀太子的花园，兴建精舍，请佛陀说法，让佛陀在北方印度有个弘化的根据地，因为须达长者对于佛陀的虔敬以及供养佛陀的喜舍心，因此受到举国上下的敬仰。

须达长者有位儿媳妇名叫玉耶，长得姿容秀色，楚楚动人，可是却自恃美丽，对公婆忤逆不孝，对丈夫、亲朋亦常轻慢侮辱。须达长者无可奈何，只好将不孝媳妇的行为禀告佛陀。佛陀慈悲，亲临长者家开示玉耶。玉耶听了佛陀的教化，感动流泪，忏悔过去的无知，从此善尽妇道，不起骄慢愚痴之心，又接受六重二十八轻戒，发愿生生世世做一个佛化家庭的优婆夷。须达长者、玉耶女可说是一个信仰虔诚，勇于实践的在家佛弟子。

《维摩诘经》也告诉我们，维摩居士在生活中实践佛法，虽然身为在家弟子，却常奉持清净戒行；虽然享有富贵荣华，却不为物欲所牵引，这些都是在家弟子实践佛法的典范。

从信仰佛教到实践佛法，方法很多，诸如受三皈五戒、受菩萨戒、行持菩萨道，每天固定的修持功课，念佛、诵经或打坐，进一步如弘法度众、成就大众的道业等都是。

(二) 从利己到利人

在大乘佛教中，菩萨发心先为众生后为自己，所谓"但愿众生得离苦,不为自己求安乐"。阿弥陀佛在菩萨位时,所发四十八大愿,愿愿为了有利于一切众生。地藏王菩萨"地狱不空,誓不成佛",其利人的精神,可见一斑。

一般社会上对于利己与利人,可分为四种:(1)利人不利己;(2)利己不利人;(3)人己都不利;(4)利人又利己。利人不利己的事情,除非菩萨发大心,否则少之又少。在佛陀的本生事迹中,有割肉喂鹰、舍身饲虎的故事,是利人不利己的最好典型。利己不利人,可说是最普遍的,一个人生存在世间上,处处都以"我"为前提,以自己的利益着想,譬如邻居同住,将自己庭院的垃圾扫干净,将门前的水沟往两边冲,只要自家门前清洁,脏乱移到别人家去也不管。或者住在楼上的人,夜里打牌、欢笑,常闹到十一二点,从不考虑楼下的人是否能够安眠?这是自私自利、没有公德心的人。第三种"人己都不利",这是天下最愚痴的人,看那开赌场、开酒家的人,迷惑人性,令人家庭不和,予人最大的不利。反问他本身,造作了恶因,以后自己还得承受恶果。还有制造吗啡、贩毒走私者,亦是人己都不利的勾当。最后一种是利人又利己。有这么一个故事——

一个贫穷的人,拿着唯一的一枚铜钱到店里购买食物,当店里的人接过铜钱一看,发现那是假的,于是将钱退还,不肯把食物给他。穷人听说钱是假的,急得眼泪都掉下来,心想:家里的老母亲又要挨饿,怎么办?正当他伤心难过的时候,一位军人从门外经过,问明了原委,随即拿出一枚钱给他,那枚假铜钱随手就往上衣口袋里放。穷人感激涕零地买了食物回家,军人也随军队上前方作战。

有一天,敌人的一颗子弹射过来,这个军人来不及卧倒,只感到前胸被震了一下,可是并没有受伤,他摸摸全身,从上衣口袋里掏出一枚铜钱,发现铜钱的正中央凹了下去,这时他才明白,原来是这枚铜钱救了他的命。

这就是利人又利己的事情,救人的急难,等于救自己一样。

从前印度有一位国王,名一切施,是个行菩萨道、大慈大悲的国王。不论是谁,只要有求于他,都可遂意,远地的人也都知道有一切施王这么一个人。

在他的邻国,有一个婆罗门子,父亲去世了,只剩母亲和姐姐,三个人相依为命,过着贫穷的生活。有一天,母亲叫儿子去向一切施王求乞,希望得到帮助。

可是,这时的一切施王,正遭遇到最困难的时刻,邻国的国王,残暴不仁,又贪得无厌,他带着大队兵马进攻一切施王的国境,想占据那个城池。

朝中的大臣们,天天为这件事忧愁、思虑,但是,一切施王却像平日般,若无其事地办着事。翌日,邻国的大军开到了城下,城里像没有事般的平静,大军丝毫不受阻,长驱直入,很快地便占有了这个城池。原来一切施王得知大军到来,他为了不让百姓受到无谓的损害,已于前日半夜,留下印绶,换了便装,悄悄地离开王宫,出城去了。他想把城池奉献给邻国,以换取百姓的平安。

贪得无厌的暴王,虽不费吹灰之力得到了一座城池,但为了斩草除根,他出了重金悬赏来捉拿一切施王。

一切施王离开王宫之后,一直往荒郊野外走去,大约走了500里路的地方,他遇见那奉母亲之命前来求乞的婆罗门子。一切施王得知小孩的遭遇后,甚表同情。他也把自己的遭遇说给小孩子听,小孩子很受感动,痛哭流涕,一切施王安慰他,并答应他,满足他的希望。

小孩子很怀疑,心想一切施王身无一物,如何帮助他呢?

一切施王平静地说:"邻国国王正出重金来捉拿我。你可以把我杀了,拿了我的首级去换取重赏。"

小孩子不忍心那么做,一切施王教他割截耳朵或鼻子送了去也可以,小孩子也不忍心,最后一切施王说:"你不肯杀我,也不肯伤我,那么,唯一的办法就是把我捆缚起来,押送过去,总可以吧?"

小孩子年幼无知,觉得这样很好,便照着一切施王的话去做。两个人一起向城里走来,到了城外约2里路光景,一切施王叫小孩子将自己缚起来,进入城内。

这时,城中的百姓,看到一切施王被捆缚押着回来,大家都悲伤不已!

有人把一切施王被缚的消息传给暴王,暴王喜出望外,随即命人带进宫里。大臣们看到被捆缚的一切施王时,都伏地痛哭,声音极其凄凉,情景甚为感人,暴王也不由得动心,他问大臣们道:"你们为什么这样悲伤?"

"大王,请您原谅我们的失礼吧!一切施王他不但丢弃了国家和王位,现在更把他的身体生命布施给人,而他一点也不觉得懊悔,他的行为实在伟大,我们被感动得情不自禁!"

暴王听了大臣们这么说,残暴的心渐渐地平息下来。当他听完小孩子叙述整个过程后,深深感动,他跪倒在一切施王面前,把印绶、国土全部归还给他。并且说:"我得到你的国土,但我没有得到你的民心;你虽把一切都甘愿施舍,但你拥有最宝贵的人心。现在我明白了，用暴力获得的东西没有价值，你的国家我还是还给你。"

一切施王终于又平安地拥有了他的国土。先利人，再利己，一切施王是一个典型的例子。一个佛教徒，在学佛的过程中，应该具备大乘菩萨的精神，虽然不能做到利人不利己，至少要能从利己想到利人，即所谓的"自利利他"。

（三）从初心到完成

有句话说："初发之心，成佛有余。"《华严经》说："不忘初心。"有一位证得罗汉果的师父带着小沙弥在路上走，小沙弥背着包袱跟在师父后面走。走呀走的，小沙弥起了个念头："将来我要发心弘法！要广度众生！"走在前面的师父，知道小沙弥发这么大的愿心，心里非常敬佩，惭愧自己从未这么发过心。赶快把小沙弥的包袱拿过来，自己背在肩上，又请小沙弥走在前面。小沙弥不明就里，只照着师父的吩咐做。

当小沙弥走在前面时，心里又想："我要发心弘法度众，可是，弘法那么辛苦，众生又那么难度，唉！算了！我还是做个小乘人，自己求解脱吧！"才这么想，师父把包袱掼过来，说道："把包袱拿去！跟在我后面走！"

小沙弥莫名其妙地又背起包袱，走在师父的后面。这个故事告诉我们：初发心很难，要维持到完成更难。

佛陀十大弟子之一的舍利弗尊者，在过去生中曾经发心修菩萨道，行大乘布施，他不但愿意把自己所有的房屋、田园、财产等资产物品，欢喜地布施给人，甚至连身体、生命，也毫不吝惜地愿意布施给人。

这样的愿心惊天动地,所以就有一个天人想来试试他的道心。

天人化现成一个20余岁的青年,在舍利弗尊者必经的路上等候,远远看到他走过来,就嚎啕大哭,舍利弗尊者见了不忍心,上前慰问道:"这位青年,你为什么哭得这么伤心?"

"你不用问,告诉你也没有用!"

"我是学道的沙门,发愿救度众生的苦难,只要你有所求,凡是我有的,都可满足你的心愿。"

"你是不能帮助我的,我哭并不是缺少世间上的财物,我的母亲害了不治之病,医生说一定要用修道者的眼珠煎药,我母亲的病才能好。活人的眼珠已经不易找,修道人的眼珠又怎么肯给我呢?想到病床上呻吟待救的母亲,我这才情不自禁地伤心痛哭!"

"我就是修道的沙门,我愿意布施一只眼珠给你,来救你母亲的病难。"

"你愿意布施一个眼珠给我?"青年欢喜得跳起来。

"我的一切财产都布施给人,正想进一步地行大乘道,所以很愿意将身体布施,正苦无受施的人,今天遇到你,可达成我求道的愿心,我真欢喜地感激你,你来取去我一个眼珠吧!"

舍利弗尊者心中想,我有两个眼珠,布施一个给人,还有一个可以看到东西,这对自己并没有妨碍。

他叫青年人来取自己的眼珠,青年人不肯,说道:"这不行,我怎么可以强夺你的眼珠呢?你如果愿意,可以自己挖下来给我。"

舍利弗尊者一听,觉得他说得有理,当即下大决心,勇猛忍苦地把左边一个眼珠用手挖出,交在青年的手中,并说道:"谢谢你成就我的愿心,请你拿去吧!"

"糟啦!"青年人接了眼珠,大叫道:"谁叫你把左边的眼珠挖下来呢?我母亲的病,医生说要吃右边的眼珠才会好的!"

舍利弗尊者一听,真是糟啦!怪自己怎么没有问一声再挖眼珠,现在怎么办?把左边的给他,还有右边的可以看东西,若再把右边的眼珠挖下来给他,那连走路都看不见了。可敬可佩的舍利弗尊者,不怨怪别人,心想,发心发到底,救人也要救到底,难得遇到一个接受布施、成就自己道行的人,就再把右边的眼珠挖下来给他好了。舍利弗尊者这么想后,就安慰青年:"你不要急,刚才是我粗心,怎么没有问清楚再挖眼珠,现在我知道了,横竖人的身体是虚幻无常的,我还有右边的眼珠,我愿意挖下来给你做药,医治你母亲的病。"

舍利弗尊者说后,又再下大决心,勇猛忍苦地把右边的眼珠挖下来交给那个青年。

青年接过舍利弗尊者的眼珠,一句感谢的话也没有说,把舍利弗尊者的眼珠放在鼻子上嗅了一嗅,当即往地上一摔,并骂道:"你是一个什么修道的沙门?你的眼珠这么臭气难闻,怎么好煎药给我母亲食用呢!"青年人骂后,并用脚踩着舍利弗尊者的眼珠。

舍利弗尊者眼睛虽然看不到,但他的耳朵没有聋,他听到青年人骂他的话,和用脚在地上踩踏他眼珠的声音,他终于叹口气,心中想:众生难度,菩萨心难发,我不要妄想进修大乘,我还是先重在自利的修行吧!

舍利弗尊者这样的心一生起,天空出现很多的天人,对舍利弗尊者说道:"修道者,你不要灰心,刚才的青年是我们天人来试探你的菩萨道心的,你应该更勇猛精进,照你的愿心去修学。"

舍利弗尊者一听,很惭愧,利他的菩萨心又再生起,当即成就了不退的道心。六十小劫以后,舍利弗尊者不休息地认真学道,终于遇到佛陀,证得圣果,且具足神通。

从初发心到成就佛果,要历经多少劫数,要忍受多少苦难,所谓"难行能行,难忍能忍",要"福慧双修",要"行解并重",如果畏惧麻烦,缺乏耐心,就像种子虽播种了,却怠于施肥、浇水,终不能发芽,更谈不上开花、结果。因此,从初心到完成,这是成佛之道,如果能发心,能坚持到最后,则成佛不难矣!

佛教和我们的生活息息相关,佛法也在我们的生活里俯拾即是。无论是感情、经济、处世、道德等各方面,如能将佛法落实、融入其中,才是真正的"佛教生活化"、"生活佛教化"。

1975年4月讲于台北志莲精舍

生活与信仰

我们坚定自己对佛教的信仰之后,
还须于生活中落实、运用,
才是真正了解佛法的意义与价值。

今日佛教徒最需要的是生活里要具备佛法。不曾接触佛法的人,固然不知道佛法的利益,信仰佛教多年的人,如果身心没有和佛法相应,生活中不懂运用佛法,也不会知道佛法的价值。佛法与我们日常生活有什么关系?以下分六点来说明。

一、信仰的利益

谈到信仰,有的人一开始信仰宗教,就走错路,信了邪魔外道,这就是"邪信"。比邪信好一点的是"不信",不信仰任何宗教固然不好,但至少没有走错路,将来还可以选择正确的信仰。另外一种是信得很虔诚、不知分辨的"迷信"。迷信比不信又好一点,虽然迷信了,但总还是有信仰。像老公公、老婆婆们,手里拿着一炷香,虔诚地跪在神明面前,口中喃喃有词,在我们看起来是迷信的行为,但是他们那一片纯真的心,是非常可贵的。至少宗教劝善止恶的观念,已深植在他们的心中,因此即使是迷信也比不信好。当然,比迷信更好的是"正信",能够对佛法生起正确的信仰,才能获得佛法的利益。正信佛法能带给我们什么利益?

(一)信仰如手

人因为有双手,所以能够创造各种事业,世界上许多奇巧的发明,也都是由于有万能的双手。如果没有科学家双手灵活的运作,发明了电灯,我们怎能享受到光明的可贵?如果没有医生双手精湛的医术,我们身体的疾病如何治愈?又如文化事业的推展、国防军备的设施,都需要依靠双手的操作。我们常比喻说:得到了助手,或失去了左右手。可见手对我们的创业办事,实在太重要了。

《大智度论》有一则譬喻说:"信仰的利益如手。"一个人进入宝山,山中蕴藏许多宝藏,如果我们没有双手,如何挖取宝物?同样的,进入佛法这座无尽的宝藏里,如果缺乏信仰的双手,就不会坚定不移地埋头挖宝,依靠着信仰的手,才能获得其中的功用。因此,想获得佛法的利益,一定要具备信仰。

(二)信仰如杖

佛法的信仰好比拐杖,能够给人依靠。人生在世有时候会感到世路茫茫,没有依靠,甚至遭逢绝路时,没有任何的助力。假如有信仰作为依怙,在颠簸的人生旅途上,就可以依靠这根拐杖而走向平坦的大道。

《八大人觉经》说:"国土危脆",又说"人命在呼吸之间",人世间的一切是虚幻无常的。尤其台湾地区,台风、地震频繁,当这些自然的灾害来袭,人力无法抗拒的时候,更会感到人类的渺小、脆弱。如果我们有了佛法,好比手中有了一根拐杖,能够获得心里的安全。人生需要寻找依靠,对诸佛菩萨的信仰,能使我们在虚幻的世相上,建立安稳的依靠。但是如不能对佛法兴起信仰,将得不到佛法这根拐杖的利益。

(三) 信仰如根

花能开得芬芳美丽,因为有深厚的根;树能长得茂盛苍郁,因为有扎实的根;人能够生存下去,因为有生命的根;一切事业的成功,也因为有巩固的根基。所谓"万丈高楼从地起",基础的根本稳固了,摩天大楼才能建筑。

信仰是产生无量功德的根本,《华严经》说:"信为道源功德母,长养一切诸善根。"依据信仰的根,能使我们在佛法中,修福修慧,奠定人生基础,进而到达了生脱死的境界。菩萨的五十二阶位,也是从"信仰"的根起发的。经上告诉我们:没有信仰的人,好像一棵枯萎的树,不能开花结果。对于信仰的"根",我们应以法水好好的灌溉、照顾,使它茁壮、开花、结果。

(四) 信仰如船

信仰的利益,好比船舶。在茫茫大海中,船能够运载乘客到达目的地,信仰也具有同样的功用。《大智度论》说:"佛法大海,唯信能入。"想要进入深广辽阔的佛法大海,必须有指南针才不会迷失方向。《大智度论》又说:"要想进入佛法大海之中,布施、持戒是不能进入的,信仰对一个初入佛法的人来说,比布施、持戒更重要。"

在浩瀚的佛海里，如果不能掌稳信仰的船舵，是无法深入龙宫，探得骊珠的。我们必须驾着信仰的船筏，才能在佛法的大海里，采取到佛法大宝。在这一望无垠、茫茫无边的人生苦海中，也唯有依靠信仰的大愿船，才能从生死大海的此岸，安然地到达涅槃解脱的快乐彼岸。

（五）信仰如力

孙中山先生说："信仰就是力量。"对一件事有坚定的信仰，自然能形成力量。当初民国的建立，即是建立在国人对民主政体的热切信仰上。哲学家方东美先生去世时，在许多纪念他高行的文章当中，有一篇这样描写：方先生平生喜爱游泳，有一次在游泳时，忽然身子往水底下沉，他拼命地挣扎，但是愈挣扎愈下沉，眼看即将遭到灭顶。这时他想："我是个哲学家，对于生死应该看得开才是，如此求生怕死的样子太难看了。一个哲学家，死也要死得洒脱一点啊！"这么一想，四肢自然放下，结果，竟然借着水的浮力浮出水面而获得生还。对自己有信心就能产生力量，何况是对真理建立起信仰。

佛陀在世时，经常在恒河沿岸说法，有一个信者知道了，想渡河听佛陀说法。但是找不到船只，望着滚滚的恒河着急不已，有人开玩笑地说："你何不从河上走过去呢？"由于此人对佛陀及佛法充满了信仰，于是不顾河水的汹涌，不在水相上起分别心，果然涉水到达彼岸。信仰的力量，即使是惊涛骇浪也阻挡不了，这种力量，实在不可思议。

（六）信仰如财

日常生活中，没有了钱财，生活就没有着落，近年来，世界遭遇到一个棘手的问题：能源缺乏、经济危机，于是探测家们拿着仪器，到海底、山间，寻找新的油田。其实我们人人都有一座油田，那就是信仰，信仰就是我们的能源。

人类向纷纭的心外世界寻找财宝，却不知自己内心有无限的财富，古人说："反求诸己。"我们内心的宝藏、能源，要用信仰的锄铲，才能挖掘。佛经上提到财富，有所谓"七圣财"，七圣财中第一种就是信仰的财宝，有了信仰的财宝，人生更丰富。

佛教和其他宗教不同的地方，在于佛教并不一味叫人信仰，佛教的信仰建立在理智、慧解上，甚至佛教的信仰可以建立在疑情上面，因为信仰是发乎自然，出于本心，丝毫不带一点勉强。等我们的迷惑解除了，我们的信仰会更坚固；信仰坚固不移，才能真正得到信仰的利益。

二、信仰的价值

我们活着要追求有价值的人生，对于信仰也要追求有价值的信仰，信仰的价值很多。

（一）信仰能使思想统一

有的人常感到自己没有主宰，不能确立中心的目标，这是因为本身没有信仰。没有信仰的人，往往不能使思想统一而产生力量。

譬如信仰同一种主义，凭借着这股信仰的力量，可以为主义牺牲生命。因为思想统一于信仰主义上，任何其他的学说、外力，都动摇不了我们。泥水匠盖房子,用水把沙、石、水泥混凝在一起,筑砌一栋坚固的大楼,相同的,信仰可以把各种不同的见解陶融成统一的思想,运用这统一的思想,可以解决人生许多的难关。

(二) 信仰能使前途有望

有信仰的人遇到难忍的痛苦,或是致命的打击,由于信心的生起,终能克服困厄,再度燃起希望。即使身罹绝症的人,只要对人生有信心,病魔也奈何不了他。我曾经到虎尾龙善寺探望一位老尼师,当时她一脸忧郁地对我说:"师父,这次您来还看得到我,恐怕下次来就见不到我了!医生说我患了大肠癌,只剩下两个月的生命了……"

记得那时我安慰她:"出家人还怕什么死?对生死应该超然度外,好好念佛,多发心做些对社会大众有益的事,如果你对未来充满信心,我想你的病是不要紧的。"她听了我的话,从此每日奔波劝募,5元、10元,慢慢积少成多,竟然在云林成立了"佛教之声"广播节目,每天请人在电台广播佛法。在"佛教之声"中两个月悄然过去了,她并未被病魔所攫走,仍然身体健康地为弘法事业忙碌。

几年后,我再度到虎尾,遇见了她,她对我说:"师父,我的病已经不治而愈了。"

(三) 信仰能使烦恼解脱

在人生的旅途中,最困扰我们的是烦恼,烦恼往往是我们成功立业的绊脚石。烦恼有来自社会、家庭、感情及经济,乃至身体的生老病死,心理的贪瞋痴等。很多人碰到烦恼,只是喟叹:"没办法!"事实上,去除烦恼的办法很多,如果我们能善巧运用佛法的信仰,就可以减少许多烦恼。

烦恼好比疾病,佛法的八万四千法门,就是专门对治烦恼的良药。患了贪瞋痴的烦恼可以用戒定慧来对治;悭吝的人,教他行布施;暴戾的人,教他学慈悲。有人受到挫折而灰心丧志,可用因缘来对治,使他观一切法无自性而振作奋发,诸如六度、八正道、参禅、拜佛、念佛等等,不但能够对治烦恼,更是解脱的妙方。我们对于佛法这剂药方要生起不疑的信仰,好比病人相信医生的诊断,才能安心服药,药到病除。

(四) 信仰能使身心安住

人生在世,找一个安身立命的地方很重要。工作的人,经过一天的辛苦,要回到舒适的家休息;倦飞的鸟,经过一天的觅食,也知道飞回巢中安栖。读书的人,把身心安住在书本上面;做事业的人,把身心安顿在事业的发展上,而那整天游手好闲、无所事事的人,是无处安住身心的。因此寻找身心的安止处是刻不容缓的事。

有时我们会感到身心茫然,不知安住在何处。假如我们对佛法兴起了信仰,就可以把身心安住在观世音菩萨、阿弥陀佛上面,身心一旦获得安住,遇到任何的困难就不会退缩畏惧了。基隆海会寺的道源长老,曾告诉我他的亲身经历。当年日本军队侵略中国时,有一天到寺院去掠夺,日本兵看到道源长老便喊道:"站住!"长老心想:"不能站住啊!他会要我的命呀!"于是不顾一切拔腿就跑,日本兵在后面穷追不舍。长老一边奔跑,口中一边称念"观世音菩萨"。跑了很长一段路,躲过日本兵的视线,逃进了一位信徒的家里。信徒看到师父来了,忙说:"师父,您来了!"

惊魂未定的老法师却回答说:"观世音菩萨!"

"师父,请坐!"

"观世音菩萨!"

"师父,请喝茶!"

"观世音菩萨!"

无论对他说什么,他总是回答:"观世音菩萨!"因为当他生命遇到危险、没有地方安住的时候,他只有一心皈命观世音菩萨,把身心安住在菩萨的圣号上面。所以,当我们遇到苦难而皈命佛菩萨时,不管佛菩萨是否因我们的虔诚感应而救了我们,至少当下已能将身心安住在佛菩萨的信仰上,得到了平安。

(五)信仰能使生活美好

我们要使生活内容更充实、更美好,信仰是一个很大的因素。被人欺侮了,有信仰的人不会生起瞋恨心,会认为是修持忍辱应该遭遇的:"我是个有信仰的人,应该忍让才对。"信仰,使我们懂得委曲求全,在生活里减少烦恼而得自在,这样生活自然美好。

有信仰的人,对于困难、折磨,认为是庄严人生内容的必备要件。困难挫折对于他们而言,已不是困难,而是迈向成功的砺石。有信仰的人,常常会想:"我现在虔诚地拜佛、念佛,广修一切功德,将来可以到极乐世界。"由信仰而激发善行,对未来的世界充满憧憬,不仅充实现世的生活,对未来的国土也先行设计蓝图;有信仰的生活富有意义,更充满生机。

(六) 信仰能使生命有依靠

信仰是人生终极的追求,没有信仰,生命就没有依归。中日甲午战争之后,日本首相陆奥宗光代表日方到中国来订立马关条约。当他出发时,女儿染病在身,他嘱咐家人,没有重大的事故,不必通信。正当和约签订至紧要关头时,家书来了,说女儿病况严重,希望见父亲最后一面。外相伊藤博文安慰他说:"你放心回去好了,这里的一切我来处理。"

当陆奥宗光首相披星戴月地赶回家里时,奄奄一息的女儿终于见到盼望已久的父亲,高兴地说:"父亲,我就要和你永别了,但是我有一个问题一直梗在心中,等着您回来替我解答。"

"什么问题?"

"我就要死了,我死了以后要到哪儿去呢?"

身为政治家的陆奥宗光,虽然博学多闻,但是对于女儿临终前的问题,竟然不知如何回答。不过,他毕竟才智过人,安慰女儿说:"死后去哪里,我不知道。不过,我经常看你母亲在念佛,我想佛陀会带你到一个很好的地方去。"他的女儿听到这话,带着安详的笑容离开了人间。陆奥宗光因为没有办法解答女儿的疑团,于是开始研究佛教,选择了佛教的信仰,最后还出家当了和尚。这件事说明陆奥宗光的女儿,懂得以信仰为生命的皈依,即使面临死亡也能平静毫不畏惧。

三、我们要信仰什么

每一种宗教都劝人要有信仰,但是究竟要信仰什么呢?古人说:就有道而正焉。良禽知道择木而栖,忠臣也知道就明君而仕,信仰也要选择好的对象。我们信仰的对象,应该具备什么条件?

(一) 信仰实在有的

我们选择信仰的对象,应该审察它是否真实存在。譬如我们选择信仰佛教,佛教的教主释迦牟尼佛,确实存在。佛陀有出生的国家,诞生的年月日,养育他父母,他有兄弟亲族,他更有出家、修行、成道的经过记载。佛陀的事迹,历史上是明明确确载录的。释迦牟尼佛不是子虚乌有的人物,不是杜撰的天帝,也不是来无影、去无踪的神仙。他在历史上是经得起考据证明的。他是实实在在存有的信仰对象。

(二) 信仰道德高尚的

我们交朋友,要结交品德、人格高尚的人,因为他可以引导我们向善向上。古人说:"无友不如己者。"又说:"水往低处流,人往高处走。"如果我们所信仰的对象,要我们去杀生害人,那么,信仰他不但没有帮助,反而有害。我们必须了解自己所信仰的对象,他的德行有没有清净?他的慈悲有没有具足?他的人格有没有完美?如果他具备了,这样的对象,才值得我们去信仰、去皈依。释迦牟尼佛是功行圆满的觉者,具足智德、断德、恩德等三德,他的道德是圆满清净的,跟随这位人天的导师,可以使我们的道德更崇高,人格更完美。

(三) 信仰能力强的

我们爬山需要拐杖做支柱,我们的人生也需要一根强而有力的拐杖做我们的依怙。从小我们接受师长们博学多能的提携,才能渐渐地免于童骏;我们信仰的对象,也必须是具有能够自度度人、自觉觉人的大善知识,以引导我们走向正道。

《佛遗教经》说:"我如善导,导人善路;我如良医,应病与药。"相信善导的指津,可以走上光明的道路,到达目的地;相信良医的诊治,可以获得阿伽陀药,治疗烦恼疾病。一般民众,为什么愿意接受历代仁君贤者、英雄好汉的领导?即是因为他们的能力很强。狮子可以做兽中之王,大鹏可以作鸟中强者,都是因为它们有特殊的能力。人也是一样,如果信仰的对象具有强大的力量,仿佛人生有了后盾,我们能因他而获致幸福。

(四)信仰戒行清净的

戒行清净的人,一切的行止都合乎戒规,我们依从他,言行自然合乎正道,不会出轨。如果我们信仰的对象戒行不清净,好比违反交通规则的汽车,随时有发生事故的可能,我们跟随他也就太危险了。我们所信仰的对象——大圣佛陀,是戒行最严谨清净的觉者,他不仅自持严格,并且制定许多的戒法来摄化弟子们的身心。佛经上记载:佛陀的一位弟子向果园主人托钵水果,果园主人请他自己摘取,这位尊者回答:"佛戒上说比人高的树,不可以爬上去。"果园主人请他用手把果子摇下来,他又说:"佛戒上说不可以摇树取果子。"果园主人为了表示诚意,只得亲自攀下树枝请他采摘。哪知道他还是坚持说:"佛戒上说不可以自己动手取果子。"果园主人不得已只好双手捧着果子献给他说:"我供养您!"这件事是说明"不予而取"为犯戒,佛陀的弟子为了坚守此戒,宁可不要果子。以现代来说，没有得到他人同意而拿了别人任何的东西，哪怕是一针一线，都是犯法的。如果人人能遵守，社会上就没有抢劫偷盗的行为了。佛经上还记载佛弟子为了护持戒法而丧生的事。佛弟子都能够如此严持戒律，更何况是制戒的佛陀本身。如果我们能遵奉佛陀的教法，所修的戒行才能清净无瑕。

（五）信仰正法圆融的

我们信仰的对象，要具有圆满的正法。佛法的道理，不偏不倚，因此称为正法。佛法的道理，放诸四海而皆准，适用于任何的时、空、人、事，而不是用在此人身上很适合，用在那人的身上就不适合；或者用在此时很恰当，用在另外一件事上就不恰当。因为佛法超越时空，不受任何限制，因此它是圆满的。社会的学问五花八门，我们要选择最正确、最圆融的作为我们的指南。如春秋时代黔娄之妻的"宁可正而不足，不可斜而有余"名言，几千年来一直为世人所赞美与运用。信仰了圆满的正法，在人生的旅途上，不但可以得到许多正确的指示，并且能够建立圆满的人生。

（六）信仰智慧圆满的

《成佛之道》一书中有两句话："正法以为身，净慧以为命。"平常我们会认为大殿里或案桌上供奉的佛像就是佛陀的身体，或者以为佛陀在世时，那种庄严相好的色身是佛陀的真身，其实佛陀是以正法为身；佛陀的寿命也不是住世 80 年的人间岁月，佛陀是以无漏智慧为生命。世俗的知识是有漏的，人间的寿命是有限的。而正法为身体，正法是遍一切时处，无穷无尽；智慧为寿命，智慧是清净永恒,无量无限。我们信仰的对象,他的智慧完满无缺,我们跟随他学习,将来可以获得充满智慧的生命,并以此贡献社会大众。

俗话说:"交友不慎"、"遇人不淑",一个人交错了朋友,毁了一生的前途;一个女人嫁错了丈夫,失去了终身的幸福。我们对于对象的选择,怎能不小心谨慎?何况是信仰的对象,更应该仔细抉择。

四、信心如何增长

信心,好像田园里的幼苗,如果遭受风吹雨打,就不容易生长,一般的信仰怎样才能生起和成长?

(一)从灵感而增长信心

有些人因为得到了某种灵感,而生起信心。如孙立人将军夫人张清扬居士,在一次中风以后,颜面神经麻痹,后来因为信仰观世音菩萨,获得灵感而痊愈,又恢复从前的庄严相貌。从此,张居士成为一位虔诚的佛教徒。又如凤山佛教莲社的煮云法师,到处打精进佛七,不少信众因感受到灵感而增长了信心。

(二)从福德而增长信心

许多有地位、有钱财的大富长者,由于肯发心布施,有福德可以帮助别人,而内心充满欢喜。如太子龙、统一公司已故的吴修齐先生,南丰钢铁公司的潘孝锐先生,他们都是虔诚的佛教徒。平时,他们就是从修福德中,增长对佛法的信心。此外,有些人没有钱财也没有力量，虽然不能以物质布施，但是，他们却事事乐于帮助别人，一样可以使自己对佛法增长信心。

（三）从慈悲而增长信心

汐止肉身不坏的慈航法师，曾经说过一件有关他自己的故事给我听，他说：即使待他最不好，甚至时常陷害他的人，他都可以容忍，并在对方有难时伸出援手。他说他原来个子又瘦又小，由于能够不计前嫌，以及时常暗中行善，后来变成庄严的圆满相。他的慈悲，不只是施予他所喜欢的人，连不喜欢的人，他也一样地对待。慈航法师可说真正做到了"无缘大慈，同体大悲"。慈航法师从行慈悲中，获得了对佛法的欢喜和信心。由此，我们可以知道，从慈悲中能增长信心。

（四）从慧解而增长信心

学佛的人，研究了佛法，会感觉"佛法真是好，真是妙！"《六祖坛经》记载，五祖传法给六祖以后，要六祖速离他去，并且亲自护送，当师徒二人走到一道河边，五祖说："我来撑篙渡你过去。"六祖答道："迷时师度，悟时自度。"我们对于佛法，若能够有所觉悟，则能进而启发信心；这是一股很大的信心力量。如同前面提过的方东美教授，他研究哲学、研究《华严经》，可以说是一代大儒学者，最后他还是到土城承天寺去皈依三宝。由此可知，智慧越高的人，越能够接受佛法的信仰。

（五）从体验而增长信心

从自己的宗教经验中可以增长信心。我们曾经看过一些修道的人，中途丧失信心。有句嘲笑的话说："信佛一年，佛在眼前；信佛二年，佛在西天；信佛三年，佛祖不见了。"这是因为在生活中没有宗教的经验，所以，对佛法生不起信心。明朝有位憨山大师，曾经为了建造寺院，被皇帝误会，强迫其返俗，并被放逐。可是，他一直未改变对佛法的信心，等到误会冰释，又再恢复他僧人的身份。憨山大师这种高超的德行，和对佛法坚定不移的信心，与他年轻时的一段因缘有关。

有一次，他跟随一位法师到五台山迎请藏经，上了五台山，在一个山洞中，见到一位隐居的老和尚盘腿端坐在洞内，他上前顶礼，问道："请问老和尚上下如何称呼？"

"……"

"您在此多久了？"

"……"

一连请教了几个问题，老和尚都不回答，也不理睬他。憨山大师心里想：这一定是位不平凡的高僧，于是就在老和尚旁边也盘腿坐了下来。一会儿，老和尚端起杯子喝茶，憨山大师也跟着喝茶；老和尚吃饭，他也跟着吃饭，如此经过了一个星期，彼此没交谈过一句话。有一天，他在经行的时候，忽然忘记了身心，不知道自己身在何处，只感到自己的身心好似都与宇宙融合了，根本没有你我的分别与对待。如此，持续了很长的一段时间。

从此，憨山大师对于佛法有了更深一层的体悟。由此可以知道，念佛，要念到与佛同在；拜佛，要拜到与佛共存；布施，须施得我你泯灭；参禅，要参得真性现前。有了这样的体验，自然信心增强，不论别人说好或说坏,都不会动摇我们的信心。

(六) 从见性而增长信心

见性,即见到自己的本性,这种增长信心的价值最高。昔时,福建芙蓉山有位灵训禅师,一日,去参访归宗禅师,劈头就问:"请教禅师,如何是佛?"

归宗说:"不能告诉你,告诉了你,你也不会相信。"

"你说的话,我怎么会不相信呢?"

"那我告诉你,你就是佛!"

灵训一愣,怀疑地说:"我就是佛?"

因为没有认识自己,所以不敢相信自己是佛。归宗曾说:"一翳在眼,空花乱坠;若离诸相,即见诸佛。"我们不能认识自己是佛,是因为我们迷失了自性,只在人我、是非、好坏、苦乐的世间差别相上计较,等于带着有色的眼镜看各种事物,因此,错认了世间本来的面目,对于自己的本性也不能认识。

黄檗禅师开示大众时,常说:"不作佛求,不作法求,不作僧求。"这是什么道理?因为"信仰"不能被外在的人事所迷,而忘记了自己的本性。佛、法、僧三宝,在我们的自性上,原本具足。事相上的佛、法、僧三宝,只是信仰过程中的一个助缘,到最后终究还是要相信自己。佛法将每个人的人格,提升到最高,所谓"人人皆有佛性",若能有这种体认,则信心必能增长。

五、正信的生活与正信的信仰

什么才是正信呢?如何获得正信的生活与信仰呢?

(一) 从伪装的信仰到真实的信仰

一般社会大众,由于没有获得真实的信仰而趋于迷信、邪信,糊里糊涂地做出很多愚昧的事情来。比如看风水、时辰、算命、占相、卜卦、烧锡箔、金银纸等,这些都是迷信的行为,都为佛法所不容许。

如盖一栋房子,即使你已看好一块地,风水先生说:"房子的方向朝这边不好,这个方向对你的父母不利。"试想一般人敢冒这个大忌吗?迷信,就是用一种恐怖的方法,抓住人性的弱点,让人不敢违抗他的信仰;一个人如果没有正信的智慧,就不能从迷信中解脱出来。佛陀在《遗教经》中一再指示我们:"不得占相吉凶,仰观星宿。"因此,我一生奉行"日日是好日,处处是好地"的至理名言。只要存心公正,什么地方都可以去;只要大家感到方便,每一个时辰都吉祥。真正的佛教徒绝不迷信,迷信的绝不是真正的佛教徒。

另外有的信仰充满神秘色彩,用各种方式掌控信徒,使他们不敢违抗。这都不能算是真正的信仰。我们应该舍弃伪装的邪教迷信,选择真正正信的信仰。

(二) 从杂乱的信仰到纯正的信仰

现在的信仰复杂,许多人不管礼拜的对象是谁,只知到处烧香、磕头。杂乱信仰不能获得信仰的利益,有这么一则寓言故事——有两个人,在旅途中遇到了强盗,其中一人平常信仰很多神明,当强盗挥刀过来时,膀子被砍断了;另外一人信仰观世音菩萨,也挨了一刀,这一刀砍在脖子上所挂的观音像项链上,观音像损坏,人却丝毫未受伤,他欢喜地说:"观世音菩萨救了我!"

信神的那个朋友，抓住膀子，痛得直冒冷汗，愤怒地说："我身上带了那么多神像、符咒，为什么都不能保佑我呢？"这时，袋子里的那许多神明说话了，"对不起！当你遇难的时候，我们原想来救你，可是在列位神仙的面前出来救你，是没有礼貌的。因此，当你要受难时，我们互相谦让着：

"'玉皇大帝，您去救他吧！'

玉皇大帝客气地说：'城隍老爷，还是您去救吧！'

城隍又客气地说：'妈祖娘娘，您去吧！'

妈祖也说：'耶稣，您去吧！'

'正当大家推来推去不知请谁出来救你时，强盗的一刀已经砍了下来，咯嚓一声，你的膀子也就断了。'"

这则寓言故事是告诉我们不要杂信，这个也信，那个也信，心力不能集中，真正困难时就得不到帮助。倒不如把身心归向三宝，让三宝统一我们的信仰，不必见神就叩拜，逢庙就烧香，回归到净化纯正的信仰，才是最重要的。

（三）从天命的信仰到自主的信仰

有些人欢喜相信天命，任何事物都归于上天的安排。饭食，是上天给我们吃的；利益，是靠上天得来的。这种思想并非有什么罪恶，只是把自己的主权毫无条件地送给神明，让诸天鬼神来主宰，而不知自己有自我主宰的主权，实在愚痴又可怜。一个人人生的幸福、生活的快乐、精神的愉快、前途的光明，为何要让神明来支配、施予呢？

佛教讲"人人有佛性"，就是提高每一个人的自主权，让我们知道我们可以主宰自己的一切,黑暗可以变为光明;悲惨可以化为幸福;崎岖不平可以铺成坦荡的人生大道。信佛,就是信自己。凡事靠自己的双手创造,比依赖神明的支配更有意义。

(四) 从人情的信仰到正信的信仰

有许多人这个庙去应酬,那个庙也去走动,最后被众多人情包围,不能选择真正的信仰。其实,信仰应该依照佛陀所说的"四依止":

1. 依法不依人:信仰佛教的人,依据佛陀的教法而求"信解行证",不因人(说法的人)的优劣而放弃信仰;或只做某一个寺庙、某一个僧众的信徒,置整个佛法于不顾。

2. 依智不依识:智是智慧,如光明朗照,可以看到本来面目;识是差别、分别。学佛的人,不以分别的知识去追求佛法,学佛的人,应该运用智慧去内证真理,才能得到佛法的真髓而获得解脱。

3. 依义不依语:应该从义理上去了解佛法,不应该在语言上推敲、计较。

4. 依了义不依不了义:不了义的佛法,只是劝诱初信或根基浅薄的人的方便法门;信仰真理,应该相信究竟的一乘解脱之道。

"四依止"是每一个信佛的人都应该知道且确实去施行的道理。

(五) 从寺庙的信仰到僧团的信仰

信仰佛教,不要只做一个寺庙的信徒,应该做整个佛教僧团的信徒;不要只做某一个人的弟子,应该做全僧团的弟子。作为一个佛教徒，对任何一个寺院，都应该护持；凡僧团的任何事情，只要能力所及，都应该尽心协助，应爱护僧团如爱护自己的家园一样。

台湾寺庙林立，一些在家信徒，走动于每一座寺庙之间，比较僧众待他的热忱，有些甚至拨弄是非，使寺庙与寺庙之间失和，这都不是一个正信佛教徒应有的行为。信仰僧团，护持僧团，才是佛弟子应有的责任。

（六）从法相的信仰到法性的信仰

真正的信仰佛教，并不只是在差别相上认识，而是进一步认识法性的平等。

有位禅师吐了一口痰在佛像脸上，大家看了，愤愤地说："你怎么把痰吐到佛像的身上？"

禅师问道："请你们告诉我，哪个地方没有佛，我现在又想要吐痰了！"

众人缄口无法作答。

佛性是遍满虚空，法性是到处都在的，哪个地方没有佛？哪个地方没有法？我们应该从认识偶像佛，进而认识法身佛、自性佛。

虽然如此，但在还没有通达自性，没有认识法性以前，佛像还是最崇高的。所以，信仰应从认识法相进而深入体证法性。

六、如何实践生活上的信仰

我们的生活，离不开衣食住行以及人我之间的相处，因此如何使我们的生活合理化，是十分重要的事。

(一)衣食上的信仰实践

作为一个佛教徒,对于怎样穿衣,怎样吃饭等生活上的琐事,必须有所认识。佛教并没有要求每个信徒一定要苦修,当吃,要吃得饱;当穿,也要穿得暖。只是除了生活所需,在饮食服饰上,不应该过分奢侈、浪费。

《杂阿含经》卷四十二上记载:憍萨罗国的波斯匿王因为身体肥胖,每次顶礼佛陀时,总是气喘如牛,佛陀教他以少食为汤药的长寿之道。因此,波斯匿王特地叫一位侍者在他吃饭的时候,站在身旁唱佛陀所教的"节食偈语",提醒他不能吃得太饱。佛陀的偈子是:"人当自系念,每食知节量,是则诸受薄,安消而保康。"意即能够节食的人,就可以获得健康。对于衣与食,我们应该相信"少食为汤药,朴素为清高"的道理。

(二)工作上的信仰实践

佛教徒对于工作,应该负责勤劳,并有服务的精神。百丈禅师的"一日不作,一日不食",表现了对工作的热忱与服务的精神,他的勤劳给予后辈学子很好的榜样。六祖惠能大师于五祖处参学时,躬操舂碓,苦作供众,遂有传法之美事。道亮律师为大众做了六年舂粟的苦役,后来成为一代律师。

我从小就是受苦劳的出家人,童年出家,即领行单——行堂、司水等杂务,从工作里面,我对佛法、对人生,增加了很大的信心。因此,我一直提倡"工作是神圣的,服务是伟大的。"经中所谓"工作是道德,服务是幸福;懒惰是罪恶,空闲是堕落。"即是这个道理。

（三）处世上的信仰实践

佛法讲究人际间的相处之道。有很多人所以感到苦恼，都是由于人际间的不协调。协调人际间的关系，行四摄法是最好的法门。所谓四摄法，即布施、爱语、利行、同事。不论我们布施的是金钱、财物，或力量、言语，都能使别人欢喜，而利于彼此的往来。说赞美他人的话，做有益于他人的事，表示与他是平等地位，和平相处，这些都是处世接物的妙方。

佛经常教我们要广结人缘，不侵犯他人，不辜负他人，并且多多给人方便，因为给人方便就是给自己方便；不侵犯他人，他人才乐意与我们交往。作为一个佛教信徒，对于佛陀所教示的处世之道，应深切地去体会并确实地去践行它。

（四）善恶上的信仰实践

一个人生存在这个复杂的社会上，对于善恶，应该具有辨别的判断力。俗云："勿以恶小而为之，勿以善小而不为。"对于自认为是不足轻重的善恶行为，尤应谨慎小心，所谓"滴水虽微，可以穿石"，学佛的人，对于善恶要做到"诸恶莫作，众善奉行"。

唐朝有位大文豪白居易，有一次，他去请教鸟窠禅师："什么是佛法大意？"

鸟窠禅师说："诸恶莫作，众善奉行。"

白居易一听，轻蔑地说："这么简单的道理，三岁小儿也懂得。"

鸟窠禅师说："三岁孩童虽道得，八十老翁行不得。"

我们自己反省一下，是不是无论大小的恶事，都能够丝毫不去犯着，且又能奉行一切大小善事呢？因此，对于这"诸恶莫作，众善奉行；自净其意，是诸佛教"的七佛通偈，应该要信受奉行。

（五）理智上的信仰实践

一个人不论信仰什么，都须先透过理智的抉择，透过理智抉择的信仰，才不至于迷信。公元15世纪时，意大利的科学家伽利略，使用望远镜观测天体，发现地球绕着太阳转，因而支持和发展了地动说，此学说与天主教创世纪的上帝创造世界的说法互相抵触，故而触怒教皇，将他逮捕下狱，令其改变说法，但是当伽利略熬刑不过，要执笔改书学说时，又愤然掷笔道："我现在还感觉得出，圆圆的地球正在转动着。"这就是透过理智的信仰，即使死难当前，也要坚持自己所相信的。

（六）信仰上的信仰实践

有人问："佛教的信仰，是以什么程度来定标准？"以大乘佛法而言，想做菩萨，必先"十信"具备。而修行菩萨的信心，要经过一万大劫，才能将信心完成。如以小乘佛法来说，则分四个阶梯：初果、二果、三果、四果罗汉。初果罗汉的标准，首先必须对三宝不坏信仰；如能做到对三宝不坏信仰，就是初果罗汉了。

所以我们的信仰，不可以为感情所变动：女朋友是某教徒，因你深爱着她，故而改变信仰，跟随她去信某教了。信仰也不能为金钱所引诱：事业失败了，有人以月俸数万元，邀你到某教会做事，为了职业，你改信了某教。信仰也不能为名位所迷惑：有人以帮助你竞选，要你当选后与他同一信仰。信仰也不能因他人以恐吓手段来威胁你，而不敢再信仰自己原有的宗教，跟着他妥协了。

以上这些用感情诱惑、金钱买动、名位拉拢或恐吓而可以转移的信仰，都是靠不住的。真正的信仰，对于三宝要像初果须陀洹一样做到不坏信仰，才能获得信仰上的利益。《南传藏经》说："有信仰的家庭，生活就有诚实、真理、坚固、布施的四种道德。"有了这四种道德，则可"现在与未来，无忧无怖"。一个人如果能对生死无有忧怖，就是对佛法已有净信——清净的信仰。如《金刚经》云："若人能一念生净信者，是人即得阿耨多罗三藐三菩提。"

孙中山先生说："佛教为哲学之母，救世之仁；研究佛学可以补科学之偏。"梁启超说："佛教的信仰，是正信而不是迷信，是兼善而不是独善，是住世而非厌世，是无量而非有限，是平等而非差别，是自力而非他力。"古圣贤哲对佛教的认识，以及对佛教信仰的肯定，更能证实佛法的正确性、普遍性、长远性。而我们坚定自己对佛教的信仰之后，还须于生活中落实、运用，才是真正了解佛法的意义与价值。

1978年10月16日讲于"国父纪念馆"

生活与道德

一个佛教徒在日常生活中,若能勤修六度,
以六度作为自己道德生活的准绳,
再以六度法深入社会,普利大众,
则六度即为人生最高的善行了。

一个人伟大与否,不在于权势地位的高低,不在于钱财的多少,而在于其人格和道德的有无。宋朝的明教契嵩禅师曾经作过譬喻说:在我们的观念里,生为帝王是最崇高伟大的,有享受不尽的荣华富贵,能掌握无上的权势威力,是千万人羡慕而不易轻得的厚爵高位。但是有权无道,或有钱无道,虽能享受一时,却无法名垂千古,甚至还会遗臭万年;高风亮节的道德才是人生最珍贵的财宝。以下分成几点来说明生活与道德的关系。

一、道德与非道德

什么是道德?什么是非道德?凡是举心动念,对别人有所侵犯,甚至危害到社会公共安全的就是不道德;相反的,对社会大众有利益的就是道德。道德与非道德有时很容易划分,有时却很难给予明确的分别,如下面所提的几个问题。

（一）安乐死与道德

一个身患重病，药石罔效，奄奄一息的人，能不能给予一针，让他免受病苦的折磨，安乐而死呢？佛教对于"安乐死"抱持什么样的看法？事实上，一个人即使重病弥留的时候，能不能再生，是很难断言的。曾经有一位赵老居士，非常热心于电台布教，并且经常往来监狱，对身陷囹圄的犯人说法。有一天，他不慎跌了一跤而致脑震荡，送到三军医院，医生写上了红字，宣布回生乏术，甚至将他送到太平间，认为将不久于人世。但是他后来居然活了过来，生死事大，实在很难定论。

佛教有种种的法门与方便，而一切的法门与方便，如果不能和大悲心相应，都是魔法，因此佛法以慈悲为根本，对于"安乐死"，佛教不绝对否定它，也不断然肯定它。对于每一个生命，我们应该本着爱心、慈悲心，让他健康地存在。万一不得已而施以"安乐死"，如果确认是出于慈悲心，不忍病人受苦，也没有什么不对，重要的关键在于是否以慈悲心为出发点。

（二）偷富济贫与道德

"偷富济贫"是道德还是非道德？有人称赞这种行为是侠义作风，大加喝彩；但是就佛法来看，仍然不究竟，贫穷的人虽然被救济了，却侵犯了富有的人家。凡是对人足以构成伤害的，都是非道德的，真正的道德是不损害任何人，而人们可以得到利益。

（三）杀人救人与道德

如果杀了一个人能够救很多人，这是道德，还是非道德呢？

《大宝积经》上有这样一段记载：佛陀在因地修行的时候，为了救500个人而杀了1个人，这样的做法合乎道德吗？佛陀正是抱着这种"我不入地狱，谁入地狱"的悲心，而杀一救百，所以在大乘的戒律中是赞叹他的行为的。我们在修行菩萨道时，除了动机要纯正，抱持大慈悲心之外，还要具备心甘情愿接受因果制裁的胆识，因为有所造作，必有报应。日本的井上日昭禅师杀了一位奸臣，替万民除了百害。山本玄峰禅师说："一杀多生通于禅。"意思是：杀了一个人，因此而救了许多人，是通于佛法的。

　　佛教是非常重视生命的宗教，不杀生是佛教徒共守的戒律，尤其小乘佛教更是严守。杀生是不道德的行为，但是如果本着大慈悲，救人救世的心去杀生，在大乘的戒律是开放的。譬如为护卫自己的国家、人民，一旦战争爆发，佛教徒可以杀害敌人吗？如果是真正本着救民出于水火、杀一救百的愿心，并且甘愿承担因果的责任，在大乘的戒律是赞美这种行径的。

（四）自杀行为与道德

　　自杀的行为合乎道德，或者是不道德？有些人因自己活得没意思，想自我了断，他以为自杀不会伤害到别人，和他人没有什么关系，无关道德不道德。然而站在佛教的立场，自杀仍然是杀生，是不道德的，佛法是不允许有自杀的行为。事实上，一个人的生命，并不是个人的所属，这具血肉之躯，最初由父母的结合而生养，并从社会接受种种所需才得以茁壮、成长。生命的完成，是社会众缘所成就的，取之于社会大众，就要回报于社会大众。每一个人都有权利使自己这个生命，活得更幸福、更有意义，但是没有权利毁灭任何的生命。

（五）仁义牺牲与道德

一般的英雄豪杰"杀身成仁"、"舍生取义"的壮举，是合乎道德，还是不合乎道德呢？如果抱着成仁取义、救人济世的心，牺牲自己而成全大众，这是道德的升华，是值得赞美的。孔子说："朝闻道，夕死可矣。"生命的意义，在于道德的完成。听到一句半偈的人生真理，都可以舍弃生命，更何况躬身去实践完成，无怪乎古圣贤人不惜牺牲生命而甘之如饴。佛陀在因地修行时，舍身救护生灵的记载，在经典里到处可见；这种杀身的举止，正是大悲心的具体表现，至善至美的道德升华。

（六）杀生捕鼠与道德

有些开药店的商人说："我们出售消除蚊蝇、蟑螂等害虫的药，或者捕杀老鼠的器具，有罪过吗？"农夫也问："我们种田栽水果，为了收成好，要喷洒农药，驱杀害虫，有罪过吗？"根据佛法，驱除蚊虫等，并不是很严重的大问题。因为佛法所说的不杀生，主要以"人"为对象，杀人，是佛法所不允许的。如果为了去除虫害，当然预防比杀害要好些，但以人为本的佛法，为了生存，虽用农药，并不是很大的罪恶。即使受过戒律的比丘，犯了此过，依佛法上来说，是犯了"恶作"。"恶作"的行为，可以用忏悔的力量加以洗除，不如杀人那样不通忏悔。

事实上，我们平时在有意无意中踏死的小生灵更多，譬如脚下爬行的蝼蚁，不知踏死多少。这种无意中杀害生灵的行为，纵使有罪,也很轻微,有些甚至无罪,最主要的不能怀着瞋心而杀生,以瞋心而故意杀生,必堕地狱受苦,佛教之重视动机、存心,由此可见一斑。我们不要把佛法的规范视为畏途,认为是束缚我们自由行动的绳索,或以为佛法的戒律要求太严,难以守持。其实佛法的戒律有很宽容、自由的精神,只有在不侵犯他人自由的情况下,才能享受更大的自由。

关于什么是道德,什么不是道德的问题,其最主要的关键在于我们的一念。如果心里的一念是慈悲的,以预防为出发点,而不是存心杀害,如此,纵使构成杀害的行为,罪业也是轻微的、合乎道德的;相反的,如果出于恶心、瞋心而蓄意杀害,那就是不合乎道德。即使尚未杀害,在起心动念的当时,就是不道德的。《尚书·大禹谟》说:"道心惟微,人心惟危。"我们要谨慎地守护我们这颗心,使它起心动念都合乎道德准则。

二、世间的道德生活

在我们的日常生活中,有哪些道德生活呢?

(一)感情生活的道德

佛教称人为"有情众生",是依情爱而生活的意思。人是感情的动物,感情生活是人人必须、离不了的。那么一个人在感情生活中应该有些什么道德?对于感情生活应该如何处理?一般而言,我们对越亲近自己的人越有感情,而且爱自己胜于爱别人。所以儒家说:"老吾老以及人之老,幼吾幼以及人之幼。"又说"推己及人",在儒家的观念里,爱有亲疏,爱由亲始,从尊敬自己的长辈推而及于他人的长辈,体恤自己的幼小,广被至他人的幼小;从自己的父母、妻子、儿女,进而亲戚、朋友,由自己血缘至亲推广开来去爱和自己有关的人。越有道德的人,爱心越扩大,甚而连亲疏差别都泯除,这就是民胞物与、物我一体的胸襟,也就是佛教"无缘大慈、同体人悲"的心怀。

和佛陀同时代的提婆达多,本为佛陀的弟子,并和佛陀是堂兄弟。后来心存不轨,背叛佛陀,三番两次想陷害佛陀。有时派人去行刺佛陀,有时驱遣恶象想踏死佛陀,甚至令人埋伏在佛陀经过的路上,推下巨石企图把佛陀压死。一次又一次,极尽狠毒,务必致佛陀于死地才罢休。虽然如此,但是佛陀却一点也不计较,甚至告诫弟子说:"你们要多尊敬提婆达多,他是我的善知识,我们因他而更坚强,我们因他而更能发扬佛道,他是我们推展佛法的逆增上缘。"

没有黑暗,就显不出光明的可贵;没有罪恶,就显不出善美的价值;没有作恶多端的人,就显不出好人的值得尊敬;没有非道德的行为,就显不出道德的崇高。有道德的人,不仅爱和他亲近的人,甚至陷害他的人,也一样的爱护。

佛陀的感情,是将慈悲推广到爱他的仇敌,佛陀的感情是无恨无私的慈悲。我们是佛陀的弟子,也要把感情升华、净化、扩大,使我们的感情生活合乎道德。那多如黄河泛滥的情欲之水,要能疏导、控制,最好以慈化爱,以智化情。

(二)伦理生活的道德

佛教不仅是重视感情的宗教,也是非常重视伦理关系的宗教。

佛陀成道之后，没有几年，他的父亲净饭王去世了，王子们商量着净饭王出殡的时候，大家抬棺木之事。佛陀知道了，对大家说："我也参加一份，尽尽我为人子的心意。"第二天，佛陀与王子们一起抬着父王的棺柩出殡。佛教很重视慎终追远的孝亲之道，佛陀以身作则，留给我们可贵的典范。

佛陀自幼失怙，由姨母大爱道夫人抚养长大。佛陀成道以后，大爱道也要求跟随佛陀出家。当时印度最初的僧团，没有女众，佛陀也不主张妇女出家学道，但是对方是姨母，是抚养自己成长的长辈，佛陀为了尊重伦理，因此开了方便法门，允许大爱道等削发出家，以报答哺乳之恩。

唐朝的道明禅师，俗姓陈，他为了奉养高龄老母，编织草屦，售得微薄金钱，以为甘旨孝养所需，人们尊敬他的孝行，因此称他为"陈蒲鞋"。南北朝时期的北齐，有一位道济禅师，经常肩挑扁担，一头挑着行动不便的老母亲，一头挑着经书，到处讲经说法。人们因为恭敬他的高行，也尊重他的母亲，要帮忙照顾禅师的老母亲，他总是婉拒说："这是我的母亲，不是你们的母亲，我的母亲不论如厕吃饭，都应该由身为人子的我亲自来侍候。"由此可见佛教非常注重对父母之恩的回报。

跟随我出家学道的弟子们，当他们的父母到了佛光山，我总是竭尽热诚招待他们，弟子们就说："师父，您事情忙，我们的父母由我们自己来招呼就好了，怎好劳动您！"我总是回答："不要紧！我离开了父母、师父，孑然一身到了台湾，我有家难归，有亲难孝，你们的父母等于我的父母，分一点让我照顾，尽尽我的心意。"

佛教并不是出了家就不要父母，不重视人间的伦理关系，而是要由孝顺自己的父母，扩而孝顺众生的父母；从今生的父母，推及过去多生的父母。由以上数例，可知佛教对世间伦理道德的重视，并且重视层面更深更广，所不同的仅是孝顺的方法、方向不一样而已。

（三）政治生活的道德

佛教徒应不应该关心国家政治？佛教徒不分在家、出家，都没有离开自己的国家，人人对于国家的政治应该关心。我们早课唱诵的"国基巩固，治道遐昌，佛日增辉，法轮常转"，意思是希望国家、佛法都能兴隆。初一、十五唱的《宝鼎赞》："端为世界祈和平，地久天长。"更说明佛教徒关心国家乃至世界的前途，祝祷整个世界能和平绵长。

我们的教主佛陀也很关心政治。有一次摩羯陀国的阿阇世王和越祇国有了纠纷，准备发动战争，于是派遣大臣雨舍去拜访刚从越祇国回来的佛陀，向他打探敌情。雨舍到了佛陀的精舍，佛陀知道他的来意，却故意不正面回答他，佛陀说："你先请坐，等我和阿难谈过话后，再和你交谈。"

佛陀转身问随侍在身旁的阿难说："阿难，我们刚从越祇国回来，你觉得越祇国的政治，非常民主自由吗？"

"佛陀，越祇国的政治非常自由民主。"

"他们的教育普及吗？"

"教育非常普及。"

"越祇国的人民遵守法律吗？社会讲求上慈下孝吗？人们具有宗教信仰、相信因果吗？他们的民风敦厚，对事业有贡献的热忧吗？"

阿难尊者对于佛陀的询问，一一肯定地答复"有"，佛陀于是很慈悲、严肃地说："假如一个国家具有自由民主的政治，上慈下孝的民风，信仰宗教因果，这个国家必定是富强的，外国的侵略是不会胜利的。"

雨舍大臣听了佛陀含蓄的开示之后说："佛陀，我很惭愧，侵略战争是不会胜利的，我已懂得了。"

（四）经济生活的道德

佛陀为我们揭示了"一切皆苦"的实相，更告诉我们解决痛苦的根本方法。佛教并不是要我们吃苦的宗教，佛教是指示我们如何追求究竟常乐的宗教。有人以为佛教反对享乐，要大家吃也吃不好，穿也穿不好，完全不重视经济问题；信仰了佛教，社会文明不能进步。

其实，这完全误解了佛教，佛教的确是呵斥物欲，是反对过分耽迷于物质享受，过分沉沦于物欲大海而无法自拔。佛教并不是漠视物质生活，相反的，佛教非常重视经济与物质生活。例如佛经上描写极乐世界的殊胜，就是一个很好的例子。

佛教中有一些实践苦行的人，希望借着淡薄物欲来磨炼自己的意志，我们也不完全否定他的价值；但是在普通的社会里，适度拥有物质文明的享受是合乎道德的。佛教虽然不否定经济生活的适度性，但是对于非法取得的财宝是不赞成的。举凡违背国法，如贩卖毒品、转卖人口的职业，或者违反佛法的不当工作，如屠宰、酒家、赌场，都在禁止之列，也就是和佛教不杀、不盗、不妄语、不饮酒、不邪淫等根本大戒触逆的职业,佛教都不允许。佛教也反对贪污舞弊的经济犯罪,不允许诈欺背信的行为。

除了上述各项,佛经上记载有七种不当之财不可以苟得,所谓七种非财是:(1)窃取他物;(2)抵赖债物;(3)吞没寄存;(4)欺罔共财;(5)因便吞占;(6)借势苟得;(7)非法经营事业。譬如偷盗、走私、倒会、囤积抬价、挪用公款等等都是非法的行为。求财要取之有道,非法求得的钱财,虽然眼前得到了,却种下了恶因,来世要加倍地受苦偿还。不如法得来的财宝,是不清净而罪恶的,是苦因而不是甜果。即使如法求得的钱财,也要用在有价值、有意义的地方。有钱是福德因缘所致,而懂得将钱用于合乎道德之处,更需要高度的智慧。

(五) 信仰生活的道德

谈起信仰,容易令人联想到神道教的祭拜,甚至有人误解佛教也是求神问卜的祭拜宗教。其实佛教是关心生命本源的宗教,有别于一般的宗教。综观台湾目前的社会大众,信神求神庇佑赐福的人多,而信佛依佛的道理奉行的人少,在他们的认知里,佛菩萨不如神明的关系来得密切。在神庙里,我们经常可以看到信众,手中持着线香,双膝朝城隍老爷、仙公、妈祖的神案前一跪,喃喃祈求着:"神明啊!请你保佑我升官发财,中大奖啊。"

"妈祖啊!求你保佑我的儿子考上大学,女儿嫁一个理想的丈夫。"

神明是否灵验也不管,总之如此一求,心里感到一切都很满意,在袅袅升腾的烟雾中,似乎神明也频频地向他们微笑点头。可是信佛呢？佛陀告诉大众：你们要把自己的幸福、欢喜布施给人；你们要有"我不入地狱，谁入地狱"的气度；要牺牲自己，成就别人。两者比较之下，有的人心想：信佛，一切都要给人，我不是什么都失去，什么都没有得到吗？信神，神会给我黄金美眷、功名利禄。算了，我还是信仰神明好了。

一个不肖的子孙，只知向父母要求；真正孝顺的子女，只想奉献给父母。宗教的信徒也是一样，有出息的信徒，只求能奉献给宗教、给众生，不为自己求什么；没有办法的信徒，才想向宗教企求。不求什么就无所得吗？事实上，"有心栽花花不开，无心插柳柳成荫"。无所求，将来所得到的更多，《金刚经》不是指示我们无相布施的功德更大吗？

一个人把自己的一切都交托给神，让神明去控制、裁决，实在是太愚痴、太可怜了。信仰宗教，应该是寻求心灵的自由，而不是增添桎梏与束缚。佛教是讲自力的宗教；幸福与快乐，可以用自己的双手去创造。

三、佛教的道德生活

在佛教中，有些什么道德生活呢？分为下列数点来说明。

（一）随喜的道德生活

佛教讲求布施，布施有许多种，有财布施、法布施、无畏布施，布施不一定要施舍钱财，如果一定非施舍钱财不可，那么没有钱的人，就不能信仰佛教了。施舍金钱是财布施，固然是一种难得的善行，但是若能行法布施，或者行无畏布施，则更为可贵。

在普贤菩萨十大愿中,有一愿为"随喜功德",佛教不仅讲求布施,更注重随喜。随喜布施的功德,甚至比有钱人捐献财宝的功德更大,更不可限量。什么叫随喜功德的布施?随喜是把快乐随时随地布施给他人,譬如早晨起床,遇到人说一声:"你早!""你好!"这就是随喜布施。见到人给人一个善意的微笑,也是一种随喜布施。

随喜的道德,在日常生活中都能随时随地去实践。譬如点头招呼,举手之劳的服务,恰到好处的赞美,真诚的关心,都是随喜的道德生活。当我们吃到珍肴美味时,请朋友来共尝,会觉得食品的味道更芬芳。当我们听到金玉良言时,转告朋友一起分享,会感到人生的境界更宽广。而若能将佛法的法味珠玑,布施给自己的朋友,甚至一切众生,我们的生命会更美好,生活更充实、更有意义了。

(二)慈悲的道德生活

佛教的教主佛陀,是一个伟大的圣人,他的伟大不是高高在上的威严,他的伟大是慈悲的自然流露。他的弟子眼睛失明了,要穿针缝衣,佛陀看到了,告诉失明的比丘说:"我来帮你穿吧!"并且一针一线地为弟子把衣服缝好。有病的比丘要喝水,佛陀知道了,亲自倒茶给病比丘喝。佛陀并且还时常服侍重病的弟子,甚至污秽的粪尿、脓血,也毫不嫌恶,亲自加以清理。伟大的佛陀,他的慈悲,仿佛和风煦日,不分贵贱、高下,普及于一切。慈悲就是佛法,佛陀躬亲实践,是我们最好的启示和典范。

唐朝的智舜禅师,在外行脚参禅。有一天,走到一片山林,禅师坐在树下养息。忽然遇见一个猎人,打中了一只野鸡,野鸡受了重伤,逃到禅师的座前,禅师以衣袖掩护着这只虎口逃生的小生命。不久,猎人跑来向禅师讨回野鸡,"我的野鸡呢?还给我!"

"它也是一条生命,放过它吧!"禅师带着耐性,无限慈悲地开导着猎人。

"你知道,那只野鸡可以当我的下酒菜吗?"

猎人一直和禅师纠缠,禅师没办法,拿起行脚时随身携带的刀子,把自己的耳朵割下来,送给贪婪的猎人,说道:"这只耳朵,够不够抵你的野鸡的重量?你拿去做下酒菜好了。"

为了救护生灵,不惜割舍自己的身体,这种"但为众生得离苦,不为自己求安乐"的德行,正是慈悲的具体表现。

佛陀的弟子迦旃延,到印度边疆地区去弘法,经过了很多年,非常想念佛陀,就派小徒弟亿耳去拜望佛陀。亿耳到了佛陀那里,佛陀亲切地招呼他,并且吩咐弟子说:"在我的房间加一张床,把我的棉被分一半给亿耳,今晚让他和我住在一起。"

佛陀那么伟大,一个小徒孙亿耳,须要佛陀费那么大的心思来照顾吗?佛陀的慈悲如春晖般的细微、温暖,他亲切地对待亿耳,不仅招呼小徒孙,并且安慰远在蛮荒弘法的弟子迦旃延,让他知道:你虽然在边地,但是你的弟子到了我这里,我仿佛看到你一样,重视他、热忱地待他。佛陀这样做,不仅亿耳欢喜,迦旃延也会觉得无比的欣慰。

佛陀就是这么慈悲而又具有人情味的圣者。在《阿含经》里,记载了许多佛陀慈悲的事例。佛法的根本精神在于慈悲,一切菩萨的发心,也由大悲而起。悲一切众生的苦难,而愿意代为承受。

古人所说的"不忍人之心"就是慈悲,我们应该把慈悲的道德带入生活之中,并努力去实践。

(三) 惭愧的道德生活

惭愧力量非常大,惭愧就是对于自己不好的行为、心念,感觉羞耻,知道忏悔、改正。《佛遗教经》上说:"惭耻之服,于诸庄严最为第一。"虽然犯了过错,如果知道羞耻,穿上惭愧的衣服,过去的瑕疵仍然可以去除,而显得无比的庄严。古人常说:"人非圣贤,孰能无过?知过能改,善莫大焉!"就是强调改过的可贵。

在南传大藏经中的《那先比丘经》里,记载着一段那先比丘和弥兰陀王谈到惭愧的话。弥兰陀王问那先比丘:"一个在家的居士,已经证得阿罗汉身,对于凡夫的出家比丘,要不要礼拜?"

"应该礼拜。"那先比丘肯定地回答。

弥兰陀王觉得很奇怪,问道:"为什么?"

"他虽然是未证果的比丘,但是他有惭愧心,惭愧心会激发他努力修行,不敢放逸。"

平时我们看到一个在家信徒吃点鱼肉,认为是没有关系,有人甚至认为是理所当然,大快朵颐。但是,一个出家人,他如果想吃点鱼肉,一定不敢明目张胆地吃,只敢偷偷地背着人吃,并且觉得"不好意思。"

在家人喝酒大大方方地,甚至猜拳喝彩,高声互敬:"再来干一杯!"但是,一个出家人,他如果偷偷喝酒,绝对不敢公然地说:"再来干一杯!"因为他有惭愧心,这个惭愧心,好比推动船儿前进的反拨于后的海水,是将来进趋更高佛道的根本力量。

那先比丘接着又告诉弥兰陀王:"没有证果的比丘,可以披穿袈裟,为弟子剃度、传戒、使佛法久住,但是,在家的弟子,即使证得初果也无法具有如此的力量。"因此不要轻视一个犯戒的出家人,他只要发惭愧心,知道忏悔,就能去除前愆;白布上的一点小污秽,可以用水把它洗干净。我们不要因看到白布上的小斑点,就大惊小怪,痛加指责,比起家里所用肮脏不洁的抹布,这小小的污点又算什么?古人说:"君子之过如月蚀,人人皆知。"就因为白布很洁白,稍有不净,人人见之。比起脏得找不到一点点洁净的抹布,是更有机会还给它本来清净的面目的。

印光大师自称为"常惭愧僧",我们应该常常发惭愧心,想到佛法没有兴隆,众生没有得度,更须勤奋不懈;想到事业未成,德业未净,我们的心越谦虚,头垂得越低,我们的人格就越崇高。身为佛教徒如果不发惭愧心,佛教怎么有办法普及呢?因为惭愧心是救国、救民、救佛教的原动力。

(四)因果的道德生活

佛教是讲求因果报应的宗教。因果,最简单的了解,就是种什么因,就会收成什么果,也就是俗语常说的:"种瓜得瓜,种豆得豆。"因果在时间上有三世因果,在日常生活中、经济、身体、信仰等等,也各有他们的因果律存在。譬如肚子饿,吃了饭就解了饥。吃饭是因,肚子饱就是果。又如一个人勤勉不懈地工作,因此赚了很多钱。努力工作是因,赚钱就是果。胡适之先生有一句话说:"要怎么收获,先要怎么栽。"因果观并不是宿命论。宿命论认为一切的得失成败,冥冥中由命运之神掌握,努力是没有用的。而因果的观念是,所有的果报,不管善恶,都是你自己造作出来的,幸福、悲惨的选择,主权不在神而是在自己,一切的结果,是自己行为决定的。

过去的不幸,可以靠不断的努力,使它转变为幸福。因果观是肯定努力、上进、修行,充满乐观进取的道理。佛教常说:"善有善报,恶有恶报;不是不报,只是时辰未到。"我们要坚信因果报应的丝毫不爽,谨言慎行,守身护心,不要造下恶因,尝到恶果。因果是一定会报应的,只是时间快慢有别,有的现世就受报,有的来世才受报,有的多生多劫才受报。

在我们的日常生活中,如何配合因果的道德生活?有一个小孩,和朋友发生了摩擦,跑到山谷大叫,发泄内心的忿闷,他对着幽深的空谷叫着:"我恨你!我恨你!"话声刚落,幽谷里突然传来"我恨你!我恨你……"的回响,久久不绝。

小孩子沮丧地回到家里,伤心地向母亲哭诉:"世间上所有的人都恨我。"

母亲问明原委,于是牵着孩子的手,到了依旧宁静无声的山谷,"孩子,现在你对山谷说:'我爱你!'"

小孩子照着母亲的话做了,立刻从山谷四面八方传来"我爱你"的声音。

这则故事告诉我们:用爱才能赢得爱,以恨对待恨,恨意只有加深。

一个人长得相貌端正,是从忍辱中修持而来的。世间上最难看的脸孔是忿怒的脸,时常保持心平气和,自然显现端好的相貌。贫穷是因为悭贪不知施舍,悭吝贪得,不能与人结缘,失去许多助缘,自然贫穷。名位由恭敬中获得,下贱因骄慢而生;瘖哑是毁谤佛法的恶果,盲聋乃不信四谛的受报;长寿是因为懂得行慈悲,短命则起因于杀生,诸根不具是破戒的报应……在因果的道德生活里,每一个人对于自己的所作所为,是无法逃避责任的。我们应该把因果观念牢记心里,一言一行、一举一动都务求合乎佛法准则。

(五) 戒律的道德生活

戒律是佛陀为了调伏弟子们的身心,所制定的种种规矩。好比学生要遵守校规,军人要服从纪律,国民要奉行法律一样。作为佛陀的弟子,不论在家、出家,除了要皈依三宝,更要受持佛陀所制定的戒律,能够如此,身口意三业自然不会有差错。

有人或许会认为戒律是束缚行动自由的枷锁,何必自找麻烦,受戒律的拘束。事实上,如果我们能够遵守戒律,确实不违,反而能够得到更大的自由——解脱。譬如我们开车,都能遵守交通规则,不抢穿红灯,不横冲直撞,车辆一定可以平平安安地驾驶。同样,如果我们能遵循戒律的交通规则,在人生的旅途上,绝对不会发生车祸,绝对不会亮起红灯。

戒律是人与人之间相处的润滑剂,"戒"虽有种种的条文与差别,但是它的根本精神是不侵犯他人,我们不侵犯他人,他人自然不会伤害我们;树敌渐少,善友日多,办起事来,自然能够左右逢源,所到亨通。因此守戒律,并不是自缚手脚,而是开拓更宽广的道路。尤其一切行止中规中矩,合乎戒律,那份不耻屋漏的心安理得,是最为珍贵难得的。

佛经上说:恶口是最犀利的刀剑,贪欲是最激烈的毒药,瞋恨是最可怕的火焰,愚痴是最漫长的黑夜,烦恼是最无底的深坑。对于这些无明烦恼,种种罪障,我们要持着戒律的铠盾,披着惭愧的盔甲去对治,才能得到世间最光亮的明灯——智慧。

佛陀在华严会上曾经说过:"戒为无上菩提本,应当一心持净戒;若能具足持净戒,一切如来所赞叹。"

又说:"戒为惑病最胜药,护诸苦厄如父母;痴暗灯炬生死桥,无涯业海为船筏。"

戒律,并非只有学佛者必须受持,凡属人类,都应该共同遵守。牢狱中的囚犯,多半是犯了五戒的人。古今中外,各个国家为安定社会,纲纪人伦的立法条目,也没能超越五戒的范畴。如中国儒家的五常——仁、义、礼、智、信,就是佛教所谓的五戒。不杀生曰仁、不偷盗曰义、不邪淫曰礼、不饮酒曰智、不妄语曰信。但儒家的五常,仅止于勉人律己;而佛教的五戒,就自利而言:受持五戒是入道之正因,若能精进不懈,则惑业渐消,功德渐长,最后得证圣果。就利他而言:五戒是净化人心的良药,一人受持,一人得益;万人受持,万人得益;若全世界人类共同受持,则大同世界指日可待。

(六)信忍的道德生活

有这么一段记载:

宋朝道楷大师得法后,大扬禅门宗风。崇宁年中诏住净因寺;大观年中,迁移天宁寺。一日,皇上遣使颁赠紫衣,赐号定照禅师。大师表辞不受。皇上复令开封府李孝寿亲至大师处,表达朝廷褒奖之意,大师亦不领受。因此触怒皇上,交州官收押。州官知道大师仁厚忠诚,悄声问道:"大师身体虚弱,容貌憔悴,是否生病呢?"

"没有。"大师回答。

"如果说是生病,可免于法律惩罚。"州官诚恳地想为他开脱。

大师厉声答道:"没病就没病,怎可为求免于惩罚而诈病呢?"

州官无奈,遂将大师贬送淄州,闻者皆流涕不已。

道楷大师德行崇高,操守严谨,虽受皇上至荣,却辞而不受;虽遭州官惩罚,却忍辱不欺。这种由于信仰而产生的忍耐功夫,堪为后人楷模。

佛陀住世的时候,有一位比丘,有一天乞食到一家珠宝商的门口,珠宝商正为国王穿珠,见到比丘前来乞食,就立刻入内取食。不料珠子从桌上滚到地下,被一只白鹅吞了下去。珠宝商出来后,发现珠子不见了,误以为比丘窃取,便以竹杖鞭打比丘,比丘仍不说出详情,默挨杖鞭,直至身上血流溅地,白鹅引颈舐血,珠宝商盛怒之际,一棒将鹅打死。这时比丘才说出珠子被鹅吞食,珠宝商遂杀鹅取珠,并向比丘忏悔。当问明为何不事先说明原委时,比丘说道:"我若说出鹅吞去珠子,则鹅命将难保,现在鹅已被打死,我才说出真相。"

珠宝商惭愧自己的鲁莽,向着比丘拜谢不已。

为了护住畜生的一条命,甘愿忍受身体皮肉被鞭打,比丘忍辱的德行,实非一般常人所能及,这都是信仰的力量所驱使。我们身为佛教徒,应该处处以利人为前提,为国家、为社会、为佛教、为群众,以信仰的力量忍耐自己,牺牲小我,当为义不容辞之事,在我们的日常生活中,若信心坚定,自然忍耐的力量增强,唯有行此道德生活,我们的人格才能升华,生命才有光辉。

四、如何实践佛教的道德生活

了解了世间与佛教的各种道德生活,其次说明如何实践佛教的道德生活。

(一)实践八正道的道德生活

所谓正道,是离偏邪的中道,属于圣者之道,故又名圣道中道。是佛陀所明示的重要显著的道行品目。在佛陀转法轮时,说为八正道支,至入涅槃时,又增广为三十七觉支。八正道是:

1. 正见:正当的见解,即正解佛法,远离唯神、唯我、唯物等之迷谬妄见。

2. 正思:正当的思维,即远离邪妄贪欲,作真理智慧的思索。

3. 正语:正当的语言,即远离虚言、暴语、诽谤、妄语、戏论等非礼之语。

4. 正业:正当的工作,即遵守国家法律,严持律仪,有犯法之事勿做,实行高尚而善良的生活。

5. 正命:正当的生活,即合理的经济,内心常存着道德、伦理的观念,以谋求正当职业,以维持生命。

6. 正念:正当的忆念,即正心诚意,远离妄想颠倒,不失正念。

7. 正精进:正当的努力,即向正理方向努力前进,勤修戒定慧三学。

8. 正定:正当的禅定,即以真智入于无漏清净的禅定;身心注于一境,消除一切杂乱,以养成圆满的人格。

八正道又可归纳为戒定慧三学,即正语、正业、正命为戒学;正念、正定为定学；正见、正思维、正精进为慧学。中国的禅（正定）、净（正念）、律（正语、正业、正命）、密（正念、正语）各宗的修法，都是以八正道的实践规范为原则而发展出来的。

佛教所说的"正道"，不是单从理论来了解，必须在实际生活上实修。如正见的见是见解、知见、学说的意义，先说明佛陀的根本思想，再将此作为自己本身的思想。在实践修行的当初，虽不能即时成功，最少必须绝对地信仰，将它当作目的而活动。

正思维是把佛陀的思想当作自己的思想而思维，并且反复熟虑而自省观察。正语正业则是在以正见为目的的活动过程中，口的言语要从于正见，身体的起居动作也要从于正见，如此正思、正语、正业，即为一般所谓的身口意三业清净。

正命的命是生活，即在生活中统合了身口意三业，生活的一切均与正见吻合。正精进的精进，是努力策励的意思，在思、语、业、命中都存在着。正念的念是专念集注而且常念不忘，表示正精进的内面，即正见的现前。正定的定，一般义译为三昧，表示心一境相，正定就是修定。在古德的注释中，常把正见乃至正念当作正定的助缘资具，显示出正定为目的的倾向；同时又有将正智、正解脱放在正定之后，表示正定是一种手段、方法，而不是目的。

在"八正道"的学说中，没有包含任何世外或者神秘的要素。完全是日常生活的指导，此中充分包含信仰和道德的要素，指示人类生活中应该遵守的准则，若依序渐次实践，则能解脱无明烦恼，获得清净愉快的生活，这就是佛教真正的道德生活。

(二) 实践六度的道德生活

一般不了解佛教的人,以为信了佛教就应该放弃人世,妻子儿女要远离,功名财富要抛弃,观三界如牢狱,视生死若冤家,一切都没有使人留恋的价值,必须避之唯恐不及。其实,这些都是对佛教的误解,学佛的人,无论对于国家或人类,对于生命或财物,均须用理智的功夫,作正确的认识,不必过分热爱,也不要过分冷淡。因为过分热爱,便不免被世间情感所左右;相反地,过分冷淡,便不免孤独、消沉,而偏于出世。

真正大乘佛教的道德生活,是中道的生活,所谓"佛法在世间,不离世间觉"。一个信仰佛教的人,应该正确地认识世间,在日常生活中融以佛教的思想,以佛教的道德为基准,此即是"六度"的道德生活。"六度"本是菩萨乘的出世善法,但是菩萨乃是大心众生,以出世的高深修养,做入世的利生事业,故六度为人生的善法,亦即佛教道德生活的规范。

所谓六度——

1. 修布施行,不但自不悭贪,亦令人受惠受益。
2. 修持戒行,不但自不毁犯,亦不毁犯他人。
3. 修忍辱行,不但自不瞋恚,亦不瞋恚伤害他人。
4. 修精进行,不但自不懈怠,亦教人不懈怠。
5. 修禅定行,不但自不散乱,亦教人不散乱。
6. 修智慧行,不但自不愚痴、不邪见,亦教人不愚痴、不邪见。

一个佛教徒在日常生活中,若能勤修六度,以六度作为自己道德生活的准绳,再以六度法深入社会,普利大众,则六度即为人生最高的善行了。

在六度中,持戒、禅定、智慧三者,即所谓戒定慧三学,可以对治贪瞋痴三毒,能克制人类自私的念头。如持戒就不会自私,不会自私,贪念就不会生起;如禅定就不会损人,不会损人,瞋恚就不会生起;如修慧就不会无明,不会无明,愚痴就不会存在。贪瞋痴一除,行布施度,则仁慈的悲心油然生起;行忍辱度,则坚毅的精神就可具备;行精进度,则勇猛的力量充实一切。所谓菩萨自利利他,自觉觉他,此即大乘佛法的道德基础。

明了佛教对道德的看法之后,更重要的是须将这些观念建立在自己的思想里,并于生活中实践,如此,对我们的家庭、人际关系、事业、生活各方面才能真正有所帮助,而臻于究竟圆满的境地。

1978年10月17日讲于台北"国父纪念馆"

生活与修持

生活中的修行,
只要让自己做人无愧于天理、无负于人道,
如此修行,才是真修行!

佛教与一般哲学的差异,在于佛教不只是讲知识、理论,更注重虔敬的信仰和完美的道德,以及如实地修持。

今日佛教最令人悲痛的事,不是没人信仰,没人研究,而是真正修持、证悟的人太少。很多人将佛法的道理说得天花乱坠,却没有真正将佛法理论付诸实行。例如:佛教讲"慈悲",我们却没有慈悲;讲"布施",我们仍然自私,贪而不舍;如此,佛法说得再多、再好,于事又何补呢?佛教人士平常所谓的诵经、拜佛、持午,只是口头上、形式上的。真正的修持,应从生活行为中,表现戒定慧;在语默动静里,息灭贪瞋痴。

《金刚经》云:"所谓佛法者,即非佛法。"又说:"所谓一切法,皆是佛法。"这两句话的涵义十分耐人寻味,若以这两句经文,来演绎佛教对于修持的要旨,即为:"是佛法的,有时不是佛法;相反地,不是佛法的,有时却是佛法。"譬如:念佛是佛法,拜佛是佛法,诵经、打坐、布施、持戒全是佛法；但是，如果在念佛、拜佛、诵经、打坐时，心里直生妄想，起贪瞋痴；或以沽名钓誉之心而行布施，则此时，是佛法的也不是佛法了。

古代丛林参学的教育，可说是打骂教育，眼睛不可乱看，嘴巴不可乱说，否则随时挨打挨骂。如在禅堂参禅，无理三十棒，有理也三十棒。打也好，骂也好，看起来与佛法无关，甚至有人认为太过分、不近人情；事实上，为加速一个人的完成，为求证佛法大意，有时却不得不如此。因此，这时的打或骂，也变成佛法，所谓"棒喝下的禅悟"，正是此意。

佛陀住世时，其首座大弟子舍利弗和目犍连，有一天来到庵摩罗园，许多年轻比丘看见长老师兄回来，都欢喜相迎，一伙人喧哗讲个不停。佛陀看到了，大声喝道："舍利弗、目犍连，出去！你们叽叽喳喳吵个没完，好像渔夫撒网，被网上来的鱼蹦蹦跳跳的，一刻也没停止，你们这样像话吗？"

弥兰陀王曾为此事而问那先比丘："佛陀没有修持吗？怎么也有那么大的瞋恨呢？"那先比丘回答说："好比一个人走路时，被树根、树枝绊了一下，或者走路不小心，摔了一跤，这不能责怪大地，因为大地并没有动摇，只怪自己不小心。佛陀如大地一般，无好恶喜怒，法制如此；是舍利弗、目犍连本身的问题，佛陀并没有动摇他的喜怒。又如我们看见父母打骂子女，或者部队长官训斥属下，有时也很严厉，但那是慈悲，并非瞋怒。"

以下将"生活与修持"分成四点说明。

一、修行的种类

修行的种类很多，略分为五种来分析解说。

（一）修身与修心

修身，包括修眼、修耳、修鼻、修舌、修身。日本日光东照神宫的门梁上，有三只雕刻的猴子，神态逼真，其中一只用手掩着眼睛，一只捺着耳朵，一只捂住嘴巴，这象征着什么道理呢？如同《论语》所说：非礼勿视、非礼勿听、非礼勿言、非礼勿动。佛教也主张修身须先修口，不要随意恶口、妄言、绮语和两舌。

记得我年轻时，有一次咳嗽到喉咙发不出声音，无法讲话。因为在佛门里待久了，所以许多事情比较能够看得开、放得下，当时便想：哑巴是世界上最不会造口业的人，做个哑巴也好。又有一次，患了风湿症，约有一个月，躺在床上不能动弹，医生说必须将腿锯断，否则很危险。许多人替我挂念，可是我心里却想：锯断也无所谓，省得在外面东奔西跑，又可安心在家读书、看经、写文章，也是一样啊！

对于怎样修身？怎样修眼？怎样修耳……佛法里都有很好的指导。记得我15岁在戒场受戒时，老师特别训练我们，叫我们眼睛不准乱看。当时我还只是个小孩，有时听到外面有一点动静，举眼要看，老师马上一个巴掌打下来，一边还骂道："看什么呀！这里有哪一样东西是你的？"我心里想："没错啊！这里没有什么东西是我的。"有时嘴巴好讲话，有什么事情，总欢喜建议、饶舌，才一开口，又是一个巴掌打下来："你讲什么？这里是什么地方，有你讲话的资格吗？"心里一想："没错啊！这里是佛堂，怎么能轮到我讲话呢？"因此，一再地勉强自己，不要乱看，不要乱说。后来我干脆不讲话，实行"禁语"，当时大约有一年不讲话的经验，这期间我获益很大。现在回想起来，觉得过去老师对我的严格打骂，真是恩惠如山之高、如海之深。

过去有一位修行的老和尚,在深山的古寺里打坐入定,有一个魔鬼想来扰乱他,破坏他的道行,却想不出用什么法子来破坏。

有一天,魔鬼变成一个没有嘴巴的怪物,出现在老和尚面前,想恐吓老和尚。老和尚一看,却说:"这是什么东西?怎么没有嘴巴呢?"

接着又用慈和的口吻道:"没有嘴巴也好,既没有嘴巴,就不会乱吃东西、乱说话了。"

魔鬼一看,吓不倒老和尚,又变成一个没有眼睛的魔鬼,老和尚一看,说道:"怎么又没有眼睛呢?其实没有眼睛也不要紧,以后就不会乱看了。"

魔鬼见老和尚还是不怕,接着又变成一个没有手的怪物,老和尚见了,仍然平静地说:"没有手也很好,没有手以后就不会去打牌,不会乱打人了。"

就这样,任凭魔鬼变来变去,老和尚都无动于衷,最后魔鬼干脆变成一个只有上半身、没有腿的怪物。老和尚仍然说道:"怎么没有腿呢?没有腿也好,没有腿就不会乱跑,以后也不会随便上酒家、跑舞厅了。"

可见,我们的五官和四肢,有时也会变成修行上的障碍;修身,必须先照顾好自己的五官和四肢,不要随意向外攀缘。

一个人除了修身以外,还要修心,我们的心就像盗贼一般,难以捉摸,难以把握。人,把一个如同盗贼般的心养在家里,专门破坏好事,未免太危险了。王阳明先生曾说:"破山中贼易,破心中贼难。"

有时候,常听人埋怨,怪别人不肯听自己的话,其实最不听话的,是我们自己。我们的心翻来覆去,心猿意马,你能把自己的心好好地把握住吗?所以要修心,令心能听自己的指挥。我们的心,如同大元帅,统领了很多的魔军魔将,贪瞋痴慢疑的烦恼,都以心为首领。所以要修行,便要与做大元帅的心、与统领烦恼魔军的心交战,这一仗,是很不容易打的。

修行者,要做一个征服魔军的统领,要有坚强的盔甲,以信仰、道德、慈悲、戒律护身,才能胜过心里的贪瞋烦恼等魔军魔将。一个人身体上有老病死诸苦,心理上有贪瞋痴等烦恼;身体上的老病死易于知晓,但心理上的贪瞋痴,则不易对治。

举个例子说明:贪欲如同花朵,瞋心如同蜜蜂,愚痴如同米糠。贪心何以如同花朵呢?花儿开放时,千娇百媚,一旦凋谢,却枯萎不振。人的贪欲亦然,要这样要那样,好比花朵开放般,即使你拥有了一切,甚至全世界都归属于你,你又能怎么样呢?"良田千顷,日食究竟几何?""大厦万间,夜眠不过八尺。"贪得再多,又有什么用处呢?

瞋恚心如同蜜蜂,害人又害己。蜜蜂咬了人,自己也活不成。所谓:"一念瞋心起,百万障门开。"又谓:"瞋恚之火,能烧功德之林。"凡事常发脾气者,最后还是自己吃亏。爱发脾气的瞋恨心,并不能解决问题,只会使问题越弄越糟。

愚痴并不是没有知识,聪明的人也有愚痴的时候,所谓"聪明反被聪明误",知识生病了就会变成"痴"。愚痴如"糠","糠"把白米遮盖了;一个人如果愚痴,就会障碍真正的智慧;智慧不生,无明频起,对于世间的真理,永远无法了解。

关于身心的修行,《增一阿含经》将它分为上中下三品,其中最下者是"身行道而心不随",表面上伪装得很慈悲,嘴里说得很动听,态度也表现得很亲切,一副德行高超、道貌岸然的模样,其实心里却不是那么一回事,所谓"满口的仁义道德,满肚子的杀盗邪淫",这是最下等的。其次,中等的修行是"心行道而身不随",外表看起来不起眼,但是,内心却很慈悲,也真正有道德。第三种的修行是"身心皆行道",则内外一致,是最上等的修行。

一个人为什么要修行?主要是训练自己意志坚定,如同制造瓷盘瓦罐,须经过火焙日晒,时间愈久愈坚固。

修行的人,应以何者为力量?小孩子想要东西吃,想要大人抱时,他会放声大哭,这一哭,母亲马上过来哄他、抱他、给他东西吃,因此,"啼哭"就是小孩子的力量。凡夫以"瞋恨"为力,有人对不起他,或做事不如他的意,他就大发脾气,骂人、吵架,甚至拿枪动刀,你也奈何不了。修行人以"慈悲"为力,以"忍耐"为力。一个人想考验自己到底有多少力量,可先看自己的慈悲到什么程度,忍耐能到什么程度。菩萨以"精进"为力,以难行能行、难忍能忍的精进作为他的力量。

由此可知,身心都需要修行,只有修身不修心,不能出三界;专修心而不修身,虽有出离三界之可能,却难以证得最高品位。无量亿佛中,没有病弱的佛陀,因此我们应该身心兼重,以"难行能行、难忍能忍"作为自己的力量,如果身心皆无佛法,不但自身毫无成就,也是佛教最悲痛之事。

(二)出家与在家

修行种类的第二种,是出家与在家的不同。就出家人的修行而言，小乘的比丘，必须有出世的思想，过离欲的生活，穿破烂的衣服，甘于淡薄的饮食，住在山林水边，独自修苦行，这就是小乘的修行法。大乘的比丘，因推动人间佛教，有时生活看起来和社会大众一般，吃饭、穿衣，寺庙修饰得富丽堂皇，佛像装置得庄严肃穆，环境到处整理得清洁舒适；其实，大乘佛教的比丘，一样要有出世的思想，只是更需要有入世的精神。至于在家居士的修行，首先要受持三皈、五戒、八关斋戒，或是菩萨戒，然后再进一步修持有关大乘宗派的法门，如参禅、念佛等。

过去在佛教界有一个不好的现象，就是出家人在弘法布教时，往往以自己的尺度、自己的修行方法，来要求在家信徒，开口闭口便叫人要吃素、要出家、要修道。或是告诉人不可以贪财，因为黄金是毒蛇；不要儿女，因为儿女是冤家对头。于是有人心里想：我们家庭夫妻很恩爱，儿女很孝顺，为了信仰佛教，却要我把他们都看成是冤家对头、是讨债鬼；为了生活，我们需要钱，你却说黄金是毒蛇。这样弘扬佛法，如何能将佛教推广呢？

所以，小乘苦行的出家人思想，并不适宜于在家人的生活。人间的佛教应该知道：儿女不是讨债鬼，夫妻也不是冤家聚头；黄金不是毒蛇，富贵也不是什么不好的东西。或许也有人心想：若说不要穿好衣服，为什么佛祖却要装金，装得金光闪烁的？若说眷属儿女都是冤家，为什么佛祖要度那么多徒众呢？若说吃饭要吃苦的，或不好的东西，为什么佛经上说极乐世界的大众要以禅悦为食，比普通饮食更好呢？若说装地毯太浪费，到处整理得平坦、洁净是不必要的，为什么极乐世界要用黄金铺地、要建七宝楼阁呢？

如果用苦行僧的生活来要求大众，那么，首先许多企业家、生意人就不会信仰佛教了,因为他们现代化的各种产品、设备,或是精致饮食、漂亮的衣服都没人光顾了。

在家人信仰的人间佛教,应该是一个幸福的佛教,是一个快乐的佛教,现世种种的福禄,只要取之有道,并没有罪恶,这是我们必须认识清楚的。

有一位信徒问我:"假如这个社会,人人都出家了,世界岂不是要灭种了吗?"

我说:"你放心,在这里出家人看起来很多,但是跟整个社会比起来,却不到百分之一。"

他又说:"万一,万一都出家了,怎么办?"

我说:"你不要挂念,我问你,万一这个世间都是男人,或者万一这个世界都是女人,那又怎么办?假如万一真的世间上的人都出家了,大家全部都断了烦恼,了脱生死成了佛祖,又有什么关系?"

(三)乐行与苦行

在修行的种类中,苦行固然可以修行,乐行也一样可以修行。修苦行的人,都是禁欲主义者,他们以苦为乐。苦行的种类很多,有的人只吃水果,不吃饭,大家赞美他了不起,不食人间烟火;有的人只喝水,不吃食物。也有人以不穿衣服为修行、以烤火为修行、以卧冰为修行、以日晒为修行,甚至有的以睡在荆棘上为修行。

其实,佛法并不重视不合理的苦行,如果说吃水果就是修行,那山里的猿猴,也都是大修行者了;喝水就是修行的话,那河里的鱼儿,也是大修行者了;不穿衣服就算修行,飞禽走兽不穿衣服,也是大修行者了;如此一来,所有水陆空动物都是大修行者了。

佛陀不赞成苦行的修行,当然,在功名利禄的世间,很容易迷失自己。修乐行的人,他的生活热烘烘的;修苦行的人,生活冷冰冰的。热烘烘、冷冰冰都不好,都不合乎佛教的中道生活。所谓中道生活,是在不苦不乐之间,因为苦乐都足以束缚我们的身心,唯有不苦不乐的中道才是解脱之道。

(四) 钝修与利修

钝根者,根基较差,必须循序修持;利根者,则智慧较高,能够顿悟。有些人自叹根基浅薄,认为没有希望成就,看到别人聪明智慧,真是又羡又妒。其实,根基如何,都是过去世修行累积而来,根本不必羡慕,也用不着嫉妒,只要脚踏实地去修持,开悟证道终有成就的一天。佛陀的弟子中,声闻乘人被认为是佛教中的钝根者,佛陀在法华会上说《法华经》时,会中尚有五千弟子不能了解佛陀的说法而退席。但是,经典中记载:一个声闻乘人,从发心到证悟,快则只需四生即能成功,慢则要费六十劫。缘觉乘者算是中等根基,他的修行,快则四生,慢则要经过一百劫。至于上等根基的菩萨乘,成佛也要经过三大阿僧祇劫的修持,所谓"三祇修福慧,百劫修相好",正是菩萨道令人歌颂赞美的地方。

(五) 外修与内修

外修是形式的,内修是精神的。有一种人只重形式没有精神,有一种人是只重精神不拘于形式。只有外修形式的人,着重在每日拜佛多少、念佛多少,内心净化了没有他可不管。很多拜佛、念佛几十年的人,心里的贪瞋烦恼、自私怨毒却比别人更多,所以真正的修行要能内外一如,形式、精神同等重要。

二、修行的次第

修行的次第,可依不同层次来解说。

(一)菩萨修行的层次

佛教中的菩萨,如同学生一般,分成一年级、二年级、小学、中学、大学等层次,菩萨的年级共有五十一阶位。所谓菩萨,并非是指供在佛堂上的菩萨,只要有人起信,从十信开始,即堪称菩萨一年级。以下列举"菩萨十法",以这菩萨十法,便可测知自己是菩萨几年级,每一个问题能完全做到者得10分。

1. 若闻讥毁,心能堪忍:完全能够忍受别人的讥讽、侮辱,毫不生恨者可算满分;只能忍受一半者得5分;能够忍受三分者得3分;完全无法忍受别人的讥毁,则是零分。

2. 若闻称赞,反生惭愧:有人称赞你,心里觉得惭愧,是真正的发自内心的惭愧,可以得10分。

3. 修道欢喜,自庆不傲:自己庆幸自己修道、利他的成就,但不因此感到自傲。

4. 人之惭耻,不为宣说:对于别人感到惭愧羞耻的事,不加以渲染。

5. 不为世事,而作咒术:不要为了世间上的事情,去怀恨、咒骂别人,或者怨天尤人、施放法术。譬如自己把钱拿去放利息,结果被倒闭了,心生怨恨,就"该死、该死"地咒骂不已。能够不这样的话,就可得到 10 分。

6. 少恩加己,施欲大报:别人对我有些许恩惠,心中念念不忘,所谓"滴水之恩,涌泉以报"。

7. 怨恨己者,恒生善心:对于怨恨自己的人,要对他好,以慈善心待他。

8. 见有骂者,反生怜悯:别人骂我们,不但不因此生气,反而怜悯他的无知冲动。

9. 视诸众生,犹如父母:对一切众生,都能如同父母兄弟姊妹般看待。

10. 拥诸所得,乐于助人:将自己所拥有的,欢喜与人共享。

以上 10 条,可以测验自己是不是菩萨?有几分是菩萨?或者不及格?

(二)罗汉修行的层次

做个罗汉到底困难不困难呢?罗汉的悟境有四种,即初果罗汉、二果罗汉、三果罗汉、四果罗汉。

初果罗汉,叫作须陀洹,到达须陀洹果的条件是:对于三宝不坏信仰;对四圣谛、八正道、十二因缘等基本佛法不生疑惑;对于受持的戒法,不可违犯;杀父、杀母、杀阿罗汉、破和合僧、出佛身血等五无间罪不可毁犯。

其次,初果罗汉对于五戒的看法、受持和没有证果的一般凡夫有何不同?譬如"杀生戒",未证果的凡夫,恣意杀生,为了口腹,什么都杀;至于初果罗汉,他宁可饿死,也不会为了吃而杀生;但是,如果你激怒了他,或者你诽谤佛法,为他所知,他一气之下,也有可能会杀生。

至于"偷盗戒",初果罗汉绝不会为了发财而去偷窃,他宁可守住贫穷;不过有时饥饿难忍,只要有东西吃,他也可能会去偷吃一些。关于"邪淫戒",证得初果的罗汉在感情上当然不会有染污行为,不过在今日社会,诱惑太大,一而再,再而三,有时他也会接受美色情欲的诱惑。至于"妄语戒",若为了救人,他有可能会说谎。提到"喝酒戒",告诉他饮酒会犯很大的罪过,他是不会相信的。

一个初果罗汉的人,或者是信佛修行的人,万一犯了五戒,不必太紧张;凡是有修行的人做错了事,犯了过失,他的罪过要比一般不修行的人轻一点。好比将一把盐放在茶杯里,会觉得很咸;如果将它放到大海里,它的咸味就淡了。一个有修行的人若犯了罪恶,这罪恶就如同一把盐洒在大海里,罪过较轻。

学佛的人,犯了罪过,要知道忏悔,虽说"因果报应丝毫不爽",但也不必想得那么恐怖,须知"罪业本空由心造,心若灭时罪亦空",罪恶只是"相"上的问题,"性"上没有罪业的名称,如果我们能证悟清净自性,所谓"明心见性",则相上之罪恶即不成为严重的问题了。修行者犯了罪过,如同大石将沉入海底,用信仰修持的大愿船,则可将大石托住,免于下沉,即是"信能得救"的道理。初果罗汉之完成,尚须"七次上生天上,七次投生人间",并断尽我见结、戒禁取结、疑结等烦恼,方得成就。

在圣位中,初果是最可贵、最难得的,得了初果,可说生死已了。如破竹一样,能破第一节,第二节以下,就可以不费力的一破到底。证了初果的人,断了见惑,生死已获得解脱,如大树连根拔起,只是其余未断的烦恼——修所断惑,尚滋润着固有的业力,使他生在天上人间。好比大树虽连根拔起,但是在短时期内,仍会发芽开花,这是大树本身所保有的生活力在维持其生机,若不供给水分与肥料,终究会枯黄死去。

初果的圣者,虽未断修惑,但生死的根本已了;虽仍有隔阴之迷,但决不像凡夫一样。或经过进修,或经过人间天上的七番生死,修道所断的烦恼,大大地削弱了力量,可说是断去了一分。剩下的修惑,所能滋润的力量,已只有一生天上,一来人间,再不能延续下去。故二果名为"斯陀含",即"一来"的意思。

证得二果的圣者,若再进修,当生即能证得"不还果",即三果阿那含;或是返来人间,只剩这一往天上的生死。已证阿那含果者死后,离欲界而上生色界,或无色界,一定会在那边入涅槃,不再复还来生欲界了。若从断烦恼来说:欲界的一切修惑,到此已断尽了,所以不再感欲界的生死;即除初果时断尽的我见、戒禁取见、疑见外,又进一步地断尽了欲贪和痴。欲贪,指欲界的贪欲,断尽了欲贪,而证得三果的圣者,虽身在人间,但对欲界的五欲,已经不再染着。

从初果而二果、三果,现生不断进修;或三果阿那含死后,生到上界,圣道现前,到了断惑究竟净尽时,就能证得四果,名为"阿罗汉",是真正堪受人天供养的圣者。证到了这个阶位,即杀尽了一切的烦恼贼,不再有生死的生起,故将阿罗汉译为"应供"、"无生"或"杀贼"。

经上说:证得了阿罗汉果,即断尽了系缚三界的一切烦恼。烦恼断尽后,依烦恼润生而感果的故业,也就不再生效,更不会再造新业,因此未来的生死苦果,更无生起的因缘,而得入于不生不灭的无余涅槃。罗汉的修行，到此即为最究竟的果位。

综合前面所述，修行证到四果者，有如下三种特点：

1. 光明如日月：证得阿罗汉果的圣者，智慧现前，内心断尽了烦恼，如乌云被冲散，显现了太阳光明。阿罗汉的光明，正如日光朗照，处在万里无云的晴空中一样。

2. 不染如莲花：证果的阿罗汉圣者，清净如同莲花一样，他的言行不会再犯威仪。虽然没有舍报之前，仍然生活在世间；但是心不贪住，意不执着，不入于色声香味触法的六尘境界，即不受杂染的环境所熏变，有如莲花生长在淤泥中，仍能保持微妙香洁。

3. 安住如大地：证得阿罗汉果的圣者，有大禅定、大智慧，身心已安住在微妙的正法之上，寂然不动如同大地一样。大地常受世人践踏、耕种、挖掘，甚至堆积垃圾等秽物，但是，大地却分毫不动。证果的阿罗汉，在接触六尘境界时，或是合意的，或是不合意的，都不会再起贪瞋之心了；一切毁誉得失，他也都不再动摇了。苏东坡说的"八风吹不动"，那就是阿罗汉的境界。

（三）禅者修行的层次

禅门有句话说："小疑小悟，大疑大悟。"又常说："要提起疑情"、"要大彻、大悟"，疑情是什么？又彻悟什么？这些都不是言语文字所能表达的。

曾经有一个卖豆腐的老头儿，卖完豆腐，经过一家寺院，在禅堂外见到很多人正在打坐，一时好奇，也盘腿坐了起来。一支香结束，有人问他感想如何？老头儿说："太好了！坐禅太好了！"

"好在哪里呢？你倒说说看！"

"我在打坐时,想起了三十年前,东家村有个姓张的,欠了我二十块豆腐钱。"

众人一听,哈哈大笑。如果这种参禅也是一种悟境,是否叫作"豆腐禅"呢?

宋朝大学士苏东坡,有一天到金山寺拜访佛印禅师,两人盘着腿对坐论禅。苏东坡问道:"禅师看我这样子像什么?"

佛印禅师看了一下苏东坡,答道:"像一尊佛。"

说完,禅师反问道:"学士看老僧像什么?"

苏东坡看他肥胖地穿着黑色大袍,便答道:"像一堆牛屎。"

佛印默然。苏东坡心里甚是得意,以为几次斗机锋都输给禅师,这一次可赢回来了。晚上回家,得意洋洋地把经过情形诉了苏小妹。苏小妹一听,皱起眉头说道:"哥哥你输光了,还是佛印禅师赢呢!"

苏东坡如堕五里雾中,不明其中道理。苏小妹说:"禅师的见处是佛,因此他看你也是佛;你的见处是牛屎,因此你看禅师也是牛屎。禅师得胜鸣金,当然沉默不语,你却还自鸣得意呢!"

禅的境界就是如此,苏东坡以为自己大胜,其实却败得凄惨。

佛陀到忉利天为母亲摩耶夫人说法,经过三个月,又回到人间来,弟子们争相出外迎接,莲华色比丘尼第一个走到佛陀面前,欢喜地一边礼拜,一边说道:"佛陀,弟子莲华色第一个来迎接您的圣驾,请佛陀接受弟子的拜见。"

佛陀慈和地说道:"我的回来,第一个迎接我的是须菩提,他在耆阇窟山的石窟中,观察诸法的空性,他才是真正见到我、迎接我的第一人;唯有见法的人,才能第一个见到佛陀,第一个迎接佛陀。"

这正是说明莲华色比丘尼和须菩提所修证的境界不同,须菩提体证到诸法的空理,因为法性是无处不遍的,佛陀的法身也是无处不在,因此,须菩提能第一个见到佛陀。诸法的空性是不变的,只因证悟者的心境不同而有所差别,譬如三兽过河,足有深浅,而水无深浅;又如三鸟飞空,迹有远近,而空无远近。

禅者的修行,是身心相应的全一修行,禅门将参禅证悟的境界,分为三关,即三个阶段。有关"三关"之说,从何时开始,历史上没有详尽记载;禅宗的祖师们,多运用三句问题,反复探测学人的境界,所以称为三关。最明显的是黄龙慧南禅师,他常问学人:"上座生缘在何处?"

学人还没能够回答,禅师又问:

"我手何似佛手?"

接着又问:"我脚何似驴脚?"

学人如堕五里雾中,咸认为是龙祖的三大难关。后人即以三关作为三段证悟的境界,命名为初关(又名本参)、重关、牢关。有些禅门的行人,利根者一悟即三关透彻,有的一次透破二关,普通则继续地参,逐一地破,由此可知三关并非有固定的阶段,只看各人的根基如何。有人曾将三关配于教理,即破初关得人空,破重关得法空,破牢关证空空。证悟的境界,并非笔墨或言语所能描绘得出,诚如古德所谓"如人饮水,冷暖自知",只有每个人各自去亲证了。

(四)净土修行的层次

"净土"这个法门,易行难信,在《佛说阿弥陀经》中,佛陀亦说念佛法门为世间难信之法。因此,要修持净土法门,当先建立信心,依信心为支柱,然后生起行动,方能因果圆满。否则,佛门虽大,不度无信之人;有了信心,而后发愿,由愿生行,所谓"信、愿、行"为净土三资粮,譬如离家远行,一要资财,二要粮食,缺此二事,则难到达。

信者:当笃信佛力,弥陀如来,在因地中,发四十八愿,愿愿度生,其中有:"念我名号,不生我国,誓不成佛。"今因圆果满,我若念佛,必得往生。其次,信佛力慈悲,摄受众生,如母忆子,子若忆母,如母忆时,一定蒙佛接引。

愿者:愿以此生誓往西方,更愿既生西方,复回娑婆,度脱一切众生。

行者:即老实念佛。

信、愿、行,为修净土法门的诸行者少不了的资粮。因此,古德的净土经论及现今的诸师净土论章等,凡谈及往生的要事,都离不了这三秘要之法。

净土的修持法门很多,可大致分为三类:(1)持名;(2)观想;(3)实相。修持此三种法门,皆可生于净土。其中"实相念佛",即是入第一义心,观佛法身实相,所得三昧,是真如三昧,亦名"一行三昧"。这一法门,本来属于禅宗,但因禅心所显的境界,便是净土,因此亦摄于净土法中。此法非上上根器,不能悟入,故中下两根,便不能普及,所以在净土法中,很少有人提倡,而归禅门去提倡。

其次是"观想念佛",这是依照《观无量寿经》中,对于阿弥陀佛极乐国的依正庄严,作十六种观法,观行若得纯熟,则开目闭目皆是极乐，马上可转此娑婆为净土，即身便能畅游极乐，功效之大，不可言喻，修此法所得之三昧，为般舟三昧，亦名佛立三昧。只是这种观法微细深玄，有五种难成：一者，根钝则难成；二者，心粗则难成；三者，无善巧方便则难成；四者，认识不深刻则难成；五者、精力不足则难成。若要根利、心细、聪巧，还要印象深刻、精神强旺，实在不容易，因此，这种法门也不能普及，亦属难行门。

再次就是"持名念佛"，持名比上述两种念法容易得多，不论上中下根基，皆能念佛，若能念到一心不乱，便能得三昧，所得三昧是为念佛三昧。持名念佛法，经过两千多年来，佛门大德不断提倡和实行的结果，已成为最普遍、最深入民间的佛法。持名念佛的方法，因念佛时的环境和心境，以及念佛人的根器不同，念法也有种种的不同。譬如：

1. 高声念：念时声音洪大，其效用可治昏沉，提起精神，扫除杂念。

2. 默念：口不出声，但在心里明明白白，适用于公共场所或旅游。

3. 金刚念：声调在高声与默念之间，一句句口念分明，耳听分明，心想分明，佛声能在身口意中不散失。

4. 追顶念：字句紧急，一声追一声，中间毫无空隙，杂念无从生起。

5. 觉照念：一念念回光返照，向于自性。

6. 观想念：一面念佛，一面观想佛身相好，佛国庄严。

7. 礼拜念：拜佛念佛同时进行。

8. 记数念：以念珠记念佛次数。

9. 十口气念：以尽一口气为度，用追顶法念佛，当出气已促，再吸一口气，方能续念，名为一口气，如是十次，故名为十口气念。

如何持名念佛，可随各人根机、环境而定，唯须念到浑然忘我，如古人所云："念而不念，不念而念。"蕅益大师说："得生与否，全由信愿之有无；品位高下，全由持名之深浅。"

（五）一般修行的层次

除了上述菩萨、罗汉、修禅、修净土者有其修行的层次外，有关一般修行的层次，亦可分几点说明：

首先说到皈依三宝，三宝是佛法的总纲；皈依三宝，是进入佛门的第一课。一个发心学佛的人，第一步必须先皈依三宝，皈依三宝的人才算是真正的佛教徒。三宝的功德无量无边，若不皈依三宝，则无缘受用。

皈依三宝之后，除尽形寿以至诚心来受持外，进一步还要受持五戒，即不杀生、不偷盗、不邪淫、不妄语、不饮酒。能不杀生，则得健康长寿；能不偷盗，则得大富大贵；能不邪淫，则能家庭和谐；能不妄语，则能受人赞誉；能不饮酒，则不乱性。受持五戒而能持戒清净者，可说是众福之所归。如能守持净戒，现生不受国法，且能受到社会的尊重，真是人天爱戴，天龙护持。从受三皈继而持五戒，在修学的路程上又进了一层。

佛法中，从发心信仰，到究竟证悟，尚有解、行的修学过程，皈依三宝，进而受持五戒，是修持的表现。《大毘婆娑论》说："有信无智，增长愚痴；有智无信，增长邪见。"这是说明发心学佛，除了信仰以外，"解"、"行"并重的重要性。

已受持五戒,如能进而持八关斋戒,则佛道上又前进一步。在家的佛弟子,不能出家修行,而对于出家生活,又非常钦慕,因此佛制有八关斋戒,即在一日一夜间,学习出家行。佛陀曾依修学者的环境、根性,制订不同的应守的规律,除五戒、八关斋戒外,有十善业为德行的根本。十善业,在大乘佛法中,属菩萨戒,亦为人、天、声闻、缘觉等一切善行的根本。如《海龙王经》所说:"十善业道,是生人天,得学无学诸沙门果、独觉菩提,及诸菩萨一切妙行,一切佛法所依止处。"由此可知,发心学佛,除受持净戒外,更须进一步在日常生活中广修善业。

除上述十善业外,更应以"八正道"为生活的准绳。所谓"八正道",即正当的见解、正当的思维、正当的语言、正当的职业、正当的生活、正当的禅定、正当的忆念、正当的努力;能将佛法融合在生活中,才可称为一个正信的佛弟子。

佛陀的弟子中有小乘的声闻、缘觉,以及大乘的菩萨,正信佛弟子从发心学佛、持戒修善,更应由自利进而利他,由自度进而度人。自利利他、自度度人,为菩萨的发心;在家修行者,除自身修持外,更应发心修持菩萨行,即发心护法,协助法务进行,或作有利于他人的事业。所谓修菩萨行,不出六度。"度"即梵语波罗密多,意为到彼岸,即修行者依菩萨乘,如乘一大船,能由生死苦恼的此岸,度到解脱涅槃的彼岸,完成自利利他的事业,而证佛果。

六度,即:(1)布施:以金钱去救济贫苦者;或以自己所修学的佛法,去劝化他人,使之共闻佛法,离苦得乐;或牺牲自己所有,去救度一切众生。(2)持戒:自己遵守佛陀的规律,再以所修的善法去摄受他人,同受法益。(3)忍辱:忍受他人的破坏怨恨、讥讽,以及一切的苦恼。(4)精进：能勤断一切恶，勤修一切善，勤度一切众生。(5)禅定：身心安定，不受动摇。(6)智慧：勤修一切事理正智。

菩萨六度的精神，是积极、恳切，而具有甚深意义的。这种微妙、深奥的道理，是佛陀在过去无量劫所亲证修验的。只有信仰佛教的弟子们，才有机缘闻此大法，因此，一个正信的佛弟子，必须躬亲实践，护持佛法，令佛法深入人间；以真诚恳切的态度去创造事业，造福于社会人群。如果人人都能信奉佛教，进而勤修六度法门，自利利他，则社会安定、国家和乐、世界太平的理想净土将不难实现。

三、修行的利益

修行的利益，可归纳为下列六种：

（一）训练身心强健

修行可以使身心强健，譬如拜佛，晨起拜佛，睡前拜佛，是一种最好的健身运动；如饭后跑香，帮助消化，俗语亦说："饭后千步走，活到九十九。"又如朝山礼佛，一则可以接触大自然，舒展心胸；一则可以增长信心，广结善缘。称名念佛，则是修养心性的一种妙法，譬如等候公交车，百无聊赖，与其为车子久久不来而烦躁，不如静心念佛，毫无气恼。打坐、修观，亦是澄净思虑的最好方法。

信仰佛教，不可把他看作百宝灵丹，一般人无理的要求，以为只要信仰，就没有痛苦，没有死亡。其实，烦恼痛苦、生老病死乃人生必然的现象。只是有了信仰，有了修行以后，身心的力量加强了，可以无惧于生老病死之苦，如证果阿罗汉，一日一食，树下一宿,山林水边,逍遥自在。有了修行以后,身心的抵抗力增强,对于外在物质的缺乏、灾难苦恼等都能够忍受;若毫无修行,则心力脆弱,见到别人轿车、洋房的生活,内心受不了诱惑,而苦恼不堪,所以说修行可以令身心强健。

(二) 净化烦恼习气

一个人的大小烦恼之多,如同恒河沙数,没有修行,绝对无法对治;习气亦然,所谓"江山易改,本性难移",佛经中有大迦叶闻歌起舞、舍利弗照镜子的记载,这些都是过去生中遗留下来的习气,可知积习之深。欲净化这些习气,唯有修行才是最根本的办法。

烦恼时,该怎么对治?诵经、拜佛、观想佛陀的慈容,或者高声念佛,借佛的慈悲力来化除烦恼。一个人拜佛时,专心一意,头虽然低下去,但是心灵却因此而升华,无明烦恼也随之消失净尽。反之,一个不懂得修行的人,当烦恼生起时,无法自抑,因此大发脾气,与人争执,非但烦恼不能消除,反而旧恨未去,又添新愁。

在《普门品》中,佛陀告诉无尽意菩萨说:"若有无量百千万亿众生,受诸苦恼,闻是观世音菩萨,一心称名,观世音菩萨实时观其音声,皆得解脱。"即是告诉我们要修行,修行可以获得很多益处。

(三) 蒙受三宝加护

修行者,眼睛不乱看,耳朵不乱听,嘴巴不乱说,心里不乱想,身体不乱做坏事,当身口意三业清净时,即使三宝慈光不加被,本身亦会清净。何况做各种功德,修各种善行,人间天上都赞美了,三宝岂能不加护持呢?所谓"得道者昌",一个善良的人尚能获天降祥瑞,何况一位修行者?

佛陀在菩提树下修行时,曾感猿猴献果;唐朝善导大师,一心念佛,非力竭不休,虽寒冬亦须念至流汗,以表至诚。后来善导大师每念阿弥陀佛一声,就有一道光明从其口出,念十声百声,光明也是一样,而且旁人都能看到。《普门品》中提到:若有执持观世音菩萨名号的人,无论在什么大火之中,也不会恐怖火的燃烧,这是由于菩萨的威德神力。又说:如果面临伤害或杀害的时候,称念观世音菩萨的名号,刀或杖就会一段一段的折坏,既不能打,又不能杀。这都是说明一个人只要有修行,随时都能获得三宝的加护。

(四) 常得人天尊敬

一个有修行的人,他的举止安详,语言慈和,富于慈悲心,无论到哪里,都会受到人天的尊敬,处处也会受到礼遇。因此,修行人要好好爱惜自己的身份,保护自己的人格。

佛住世时,大弟子须菩提尊者在岩中晏坐,入定在空三昧的禅思中,那甚深的功行,感动了护法诸天,很多的天人出现在空中,散着天花,一朵朵彩色缤纷,都飘落在须菩提尊者面前,并且合掌赞叹道:"尊者,在世间做人,有高远的名声,有众多的财宝,并不让人觉得尊贵。即使那些国王、富豪,他们一样终日被烦恼欲望所困。尊者,世间真正尊贵的,是如你这样的大修行者,你的威德之光,照彻了天宫。伟大的须菩提尊者,请接受我们天花的供养,我们向你顶礼,表示我们的敬意。"

又有一次,须菩提尊者患病,身心疲惫。这时,护法的帝释天带领 500 人,向须菩提尊者奏乐问病。

唐朝道宣律师,跟随师父听律一遍即欲游方,师父呵止,令道宣听完十遍。后来道宣律师持律精严,为世间所少有。一日,道宣律师夜行山路,因道路崎岖,甚为难行,几乎要摔跌时,忽然,有一天神将他扶住。道宣律师问道:"你是什么人?"

对方答道:"博叉天王之子张琼,因师戒德严谨,故来护卫。"

由此可知,一个修行的人,时时能获得人天的尊敬与护持。

(五)可以明心见性

有句话说:"玉不琢,不成器。"古时的磨镜也是一样,不经过一番琢磨,镜子的亮光显现不出来。越是上等的艺术品,所需的琢磨工夫越多,人类也是一样,佛说:"一切众生皆有如来智慧德相,只因妄想执着不能证得。"如同空中的乌云,覆住了太阳的亮光,唯有除去烦恼的乌云,才能显出真如本性。如何驱除烦恼的乌云?则须靠修行的力量;唯有修行,才能认识自己的本来面目,才能证得真如实相。

自古以来许多高僧大德,都是从苦行中磨炼出来的,譬如六祖惠能大师在舂米房中舂米,雪峰禅师当饭头,印光大师当行堂等;也有以弘法利生作为修行、以从事文教工作作为修行者。所谓"不经一番寒彻骨,焉得梅花扑鼻香",自古没有天生的释迦,也没有自然的弥勒,一个人要有成就,必须精进不懈;要明心见性,必须认真修行。

(六)永断生死苦恼

人生在世,最苦的莫过于生死,亲人临命终时,那一份生离死别的苦楚,如刀刃在心上乱割,真是肝肠寸断。如何才能免去这种痛苦？佛陀告诉我们，唯有永断生死苦恼，进入不生不灭的涅槃。怎样才能永断生死苦恼，进入涅槃呢？佛说：唯有修行。

一个人若不修行，则永远不能出头。平时只做些功德，至多仅能获得人天果报，虽然在天界得以享福，但福报享尽了，仍须堕落受苦，不能出离生死。唯有发出离心，厌离尘世的欲望，不为欲望所缚，再以入世的精神，从事弘法度众的工作，才能出离三界的生死苦海。过去诸佛以及大菩萨等，能出离生死苦海，逍遥于常寂光中，都是经过多生多劫的刻苦修行与磨炼，才能有所体证。

据旧《华严经》卷二十六《十地品》中所载：修行能得十种自在。所谓"修行十自在"，即是：

1. 时自在——命自在；
2. 处自在——心自在；
3. 物自在——舍自在；
4. 周遍自在——业自在；
5. 大小自在——生自在；
6. 有无自在——心自在；
7. 动静自在——信自在；
8. 深浅自在——愿自在；
9. 无碍自在——法自在；
10. 不自在亦自在——智自在。

四、修行的方法

一个人在日常生活中应该如何修行？下面分为四点来说明：

(一)如何处理衣食住行

衣服,为蔽体之用,但求整齐、清洁、简单、朴素,不必奢求华丽,但也不能故意穿着垢秽破烂之衣,来表示修行。衣服不整齐,或太华丽,为世人所讥;若穿着太垢秽破烂,也会为人所耻。佛陀曾教弟子于穿衣时,当念偈:"若着上衣,当愿众生,获胜善根,至法彼岸"、"若着下裙,当愿众生,服诸善根,具足惭愧。"、"若整衣束,当愿众生,检束善根,不令散失"。

饮食,是为了增益身心,不必拣挑美食。佛陀曾教诫弟子于饭食时,须作五种观想,即:

1. 计功多少,量彼来处。
2. 忖己德行,全缺应供。
3. 防心离过,贪等为宗。
4. 正事良药,为疗形枯。
5. 为成道业,应受此食。

粒米维艰,来处不易,所以吃饭时,不能作贱饭粒,想到农夫的辛苦,应怀着感恩的心情,欢喜的受食;又想到为了资养色身,修行办道,更不能挑剔饮食的美恶。

至于住、行当以方便为宜,不应贪求享受。以佛法来说,一个修行的佛弟子,要时时警策自己的生活,不能流于糜烂,须以禅悦为食,以道德为衣,以虚空为安住,以无牵挂、自在的心境为行,不汲汲于物质的追求,而为物欲所束缚。

(二)如何安排身心世界

有些人进餐时,非山珍海味不能进食;穿着时,非绫罗绸缎不能为衣;居住时,非高楼洋房不能为屋;行走时,非轿车不能代步,一旦在物欲横流中迷失了自己,试问如何修行办道?一个修行的人,不能太重视身心的安适享受,但也不矫枉过正,过分虐待自己的身心,衣不衣,食不食,以表示自己的清高操守,若因此糟蹋了自己的身心,又拿什么来修行佛道呢?佛说"人身难得",又说"借假修真"。一个正信的佛弟子,必须适当地安排自己的身心,不迷失于物质的诱惑,又能精进于修行办道。如《法句经》说:"弓工调角,水人调船,材匠调木,智者调身。"又《心地观经》也说:"观自身如新生子,慈母怜愍,恒加守护。我身亦尔,若不守护,病之身心,即便不能有所修证。"

佛陀曾说:一个人得病有十种因缘:(1)久坐不饭;(2)食无贷;(3)忧愁;(4)疲极;(5)淫妷;(6)瞋恚;(7)忍大便;(8)忍小便;(9)制上风;(10)制下风。一个修行的人,应该懂得安排自己的身心,虽是四大假合的色身,却是一失人身,万劫难复。

(三)如何和谐人际关系

一个正信的佛教徒,在人际关系上,应该如何与人相处?我以16个字,作为人我之间的相处之道,即"你大我小,你有我无,你乐我苦,你对我错"。一般人在人我之间常常发生争执,不外乎为了我大你小,我有你无,我乐你苦,我对你错等问题,如果在地位上,把大的让给他人,自己甘居于小位,争执就无从生起了;在物质上把多的,或有的给他人;在工作上、享受上,把轻便的、快乐的给他人;凡事错的自己承认,果真如此,则人我之间,绝无争执的事端,大家必能和乐相处。

或许有些人会以为,把大的位置让人,把物质、享受等让人,自己承认一切错处,岂不成为天下最大的傻瓜? 其实,"大智若愚",那被认为是最大的傻瓜,才是真正最有智慧的。世间上的物质,不论积聚多少,终有散失用罄之时。

人生所要争取的,除了名位、物质、享受之外,还有很多,譬如高尚的人格、精神上的信仰、逍遥自在的人生等。众人要的功名富贵就给他,众人不要的人格道德自己好好拥有,如此则不但在人际间可以与人和谐相处,自己在人生的修持上亦可获益良多。

(四) 如何使用金钱财物

佛陀曾经说过:"金钱是毒蛇。"但是一个在家修行的人,却不能没有金钱财物,妻子儿女的生活费、教育费、医药费,如果没有钱财,又如何能安置他们呢? 但是,若一味地为赚钱而拼命,毫无精神的修持生活,钱财尽管再多,这种人生也未免太没有意义了。

一个佛教徒,除了日常生活所需外,可以挪出一部分钱来布施,因为一个人的福报有用尽的时候,恰如银行的存款,不继续储存,则有用完之时,因此,平时必须为自己多种些福德,帮助一些需要救济的人。

孝顺父母乃为人子女该尽的职责,在金钱中还须分出一些来孝养父母,让父母在老年时能安然地过日子。此外,发展事业、储存急用、旅行参学等,都需用到金钱。我将金钱的运用归纳划分如下:3/10 作为生活、教育费,3/10 用于发展事业,1/10 布施社会、供养三宝,1/10 供养父母,1/10 参学旅行,1/10 储蓄,以备不时之需。

金钱只要取之有道,不必顾虑它是毒蛇,重要的是如何使用金钱。若只知储存、积聚，不知修福，不知供养，即使有再多的金钱又有何益处？一旦无常来临、大限一到，届时都要两手一放离开人世，留下庞大的家产，可能还会令兄弟阋墙、子孙争吵，岂不枉费了一生的辛劳。《南传经集》说："有信仰的人最富贵，具道德的人最安乐，肯修行的人最安住，有智慧的人最可贵。"所谓修行，就是先要把人做好，诚如"人成即佛成"。生活中的修行，只要让自己做人无愧于天理、无负于人道，如此修行，才是真修行！

1978年10月18日讲于台北"国父纪念馆"

生活与般若

心中有佛,佛就在我心中,
所以有佛法,就会有般若。

般若是什么?郁郁黄花皆是般若,如果懂的话,世界上什么都是般若;如果不懂,什么都不是般若,甚至念经拜佛都不是般若。

我们住的房子里,挂几幅画、摆几盆花,这个家庭里的美感就不一样。般若之于生活,就好比有了画、有了花那般美丽。

长得漂亮的女子,抹上淡淡的胭脂更增加妩媚,般若对人生也像胭脂的功用。以下分几点来说明般若与我们生活的关系。

一、什么是般若?

(一)"般若"和"非般若"

世间什么都是般若,什么也都不是般若。比方念经、拜佛、修行,都是般若的显现,但是当我们念经拜佛时,妄想纷飞,妄念不断,那念经拜佛就不是般若了。骂人、打人,是很粗鲁、很不应该的行为,可是老师、慈母,他本着爱心、慈悲心打他的学生,骂他的孩子,希望他成长;如此骂也好,打也好,也未尝不是般若。

一般人都以为般若就是智慧,或者是知识。事实上,并不是这么简单。一般的知识是从事相上去认识世间,那是分别意识,不究竟;般若即大圆镜智,普照世间,还我们的本来面目,从本体上来认识世界。所以般若和智慧有所不同。知识有利、有弊;有好的知识,有不好的知识。从中国的造字来看,当"知"识生病就变成愚"痴"了。

般若不容易解释,也是言语道断,说出来就不是般若了,可是又不能不说,以下我用智、情、意,三者总合起来,或许能说到一点相似般若的意味。

所谓"智",是透过自己的心灵、智慧,而能对世间万事万物的真相,有了正确的了解。

要看清世间一切真相并不容易。一本书、一张桌子、一个茶杯……它们的真相是什么?人我是非、感情苦乐……各种心识活动的真相又是什么?对这一切的外境、内相,我们都能清楚明白吗?就是因为不能认识真相,把一切看错了,才有颠倒妄想,才有是非烦恼,假如有般若智慧,对世间一切都能认出真相,就没有痛苦烦恼。

有一位老太太,每天很虔诚地到寺院去做早课,一天早晨,天还没全亮,她走在路上不小心踏到一个东西,"是一只青蛙!"老太太心想:"糟糕!佛教讲不杀生,我今天踩死一只青蛙,这个罪过很大呀!"她心里很难过,忧忧愁愁地做完早课。回家路上,她特地去找寻那只被她踩死的青蛙,此时天色已明,她仔细一看,原来不是青蛙,是一只茄子! 认出了真相,她就不再忧伤烦恼了。

我们世间往往也是只知其一，不知其二，假如知其一，也知其二，认识真相，认识诸法因缘，如何有这些颠倒妄想、是非烦恼呢？

"情"是一种不为苦乐所动的真情实义。人间的有情众生，所拥有的都是是非好坏，患得患失，苦乐交杂的感情。假如能超脱这种人我的感情而能净化升华，不为苦乐、好坏所动，就是般若了。

所谓"意"指止恶向善的意志，对于止恶向善，有着永远不灰心、永远不懈怠的意志。能认识诸法真相，情绪上能不为苦乐所动，并恒向善道，如此即体得般若的妙义。

（二）般若的层次

般若有深浅的不同，可分成四个层次：一年级、二年级、三年级、四年级，或者小学、中学、大学、研究所。初步小学的般若是"正见"，是我们凡夫的般若。什么是"正见"？正见有善有恶、正见有业有报、正见有圣人有凡夫、正见有过去有未来。

中学的般若是"缘起"，是二乘罗汉的般若。所谓"缘起"，就是宇宙的一切都是关系的存在，都是条件的聚合。如我们看到周遭所有的房屋、大众、桌子、地板、花草树木，就晓得这个"结果"，必定有它潜在的"原因"，如有钢筋水泥等因缘条件，才能聚合成房子；有种子土壤，才能成为花草树木。所以我们要从结果上面去推求寻找原因，看到花开，就知道花农要付出多少的辛苦；看到一所大学，就想到这么伟大堂皇的建筑，当初是投入多少的智慧、多少的金钱来建设的。

佛教的教主释迦牟尼佛，在印度菩提树下的金刚座上悟道，觉悟的就是缘起真理。所以见缘起即见法，见法即见佛。

大学的般若是"空"，是菩萨所认知的般若。"缘起"真理的法则,是"果从因生"、"有依空立"、"事待理成"。而宇宙万有的现象就建立在"空"的上面。空才有,不空就没有。"空"是菩萨才能体会了解的境界,"空"不是没有,"空"是建设有的。所谓空即是色,色即是空,在真空里才能显现妙有。

一般人很害怕谈空,以为"空空如也"、"四大皆空",其实不然,假如懂得"空",心如虚空,世界是我心中的世界,一切万有是我心中的万有,这是多么富贵,多么富有。

有了凡夫的"正见"、罗汉的"缘起"、菩萨"空"的认识,再往上高升,就如同到了研究所,此时的"般若",就是佛的境界了。

二、般若的妙用

(一) 能知苦、灭苦

有了般若就能知苦、灭苦,没有般若,不知道苦,因为苦中作乐是我们的人生。或许有人不觉得人生苦;青春美貌、身体健康,吃得好、穿得好,家里钱财多,日日过得很快活,不感到苦呀!但是这许多东西能永久存在吗?百年大限一到,能不苦吗?人生的苦,有时是苦处的苦苦,有时是快乐会消失的坏苦,还有那不乐不苦的会变异的行苦。现在有了般若,明白我们苦的来源,是由我而生,由我才有苦,我与人的关系不协调、我与物质的关系不协调,自然界天灾、水灾、震灾,社会上的贪官、污吏,政治不平……种种的痛苦,无不是由于"我"的存在。

(二) 能观空

《般若心经》说:"观自在菩萨行深般若波罗密多时,照见五蕴皆空,度一切苦厄。"五蕴就是我,五蕴一空就可以度一切苦了。

"一切皆空"意谓整个宇宙世间都是我们的,何必去纷争那几十个平方米的土地呢?所看到的一切人,都是我的心上人;一切万物,宇宙虚空都是我心内的东西。所以真正讲起来,世间上没有一个贫穷的人。只要有佛法、有般若,就有办法。有佛法、有般若,就拥有富有的、真善美的人生。若能如此,即到达"是诸法空相,不生不灭,不垢不净,不增不减"的不生不死的境界了。

一般人最怕的两件事情,一是"怕鬼",二是"怕死"。其实,有了般若,鬼并不可怕,死更不必怕。

有了般若,会认识"死不是没有",死了之后还会再生。如花凋谢了,种子还会再生长,继续开花结果;房子坏了,拆除之后,将来还可以建一个更高的大楼;衣服坏了、身体坏了,再换一件衣服、换一个身体就可以了。

生命如一串的念珠,一粒叫张三,一粒叫李四、赵二、王五,在生死的轮回中,天上、地狱、饿鬼、畜牲,生生世世流转不息,不会少一点的。因为业力把我们生命的过去、现在、未来联机,生生世世给串连在一起。所以说,人是死不了的,死的是"身体","生命"永远不死;色身有时间性,慧命在般若里,则可以证悟无限的寿命,可以获得永恒自在。

有了般若,可以观空自在。空是不定形的,摆到茶杯里的空是圆形的,纸箱里的空是方形的;空没有相,给它什么样的空间,它就是什么样子。空也好像是拳头,拳头是"有",一张开就"没有"了;其实,五根手指是拳头,拳头也是五根手指。所谓空即是色,色即是空,是变化无碍的。这个拳头,打你一拳,你会告我打人;帮你捶背,你会感谢我;同一个拳头,用法不同,意义就不一样了。所以,般若有什么用?端在它的巧妙运用!

三、般若与生活

思想、观念、心念,对人的一生影响重大。假如我们的观念里,看到每一个人都存有感谢的心,会觉得这个世界很美好。所以说:"心如工画师,能画种种物。"心可以画出美丽的世界,美好的人间。

我们想过一个怎样的人生?心里时时地念着别人的好处,念着别人的善处,念着慈悲,念着友爱,念着感恩,念着真实,就能成就当下的净土。以下分四点说明般若和生活的关系。

(一)般若的处世

我们常说"做人难,人难做",处世确实不简单,不过,有了般若,处世就不艰难。比方说,有了般若,你和我不是对待的,你我原来是一体的。我身上流血、流脓,我不会嫌弃,我会用心地洗涤、敷药、包扎保护,因为这是我身上的疮。

如果把一切众生,好或不好都视为我的兄弟姐妹一样,就不会有你我对待的痛苦;或者和别人的立场调换,设身处地为对方着想,也很容易起慈悲心。我经常提倡的"你大我小、你对我错、你好我坏、你有我无、你乐我苦",即是般若的妙用,能够实行则受用无穷,运用如此的般若处世,自然能事事顺遂、做人成功。

(二)般若的思想

心中所想都是美好的,则所见世间人都很美好,都是有缘人,而会生起报答回馈、广结善缘的欢喜心,这就是般若的思想。

有三个愁云满面的信徒,去请教无德禅师,如何才能使自己活得快乐?

无德禅师问:"你们先说说自己活着是为了什么?"

甲信徒说:"因为我不愿意死,所以我活着。"

乙信徒说:"因为我希望我老年的时候,儿孙满堂,会比今天好,所以我活着。"

丙信徒说:"因为我有一家老小靠我抚养,我不能死,所以我活着。"

无德禅师告诉他们:"你们当然都不会快乐,因为你们的活,只是由于恐惧死亡,由于等待年老,由于不得已的责任,却不是由于理想、责任,人若失去了理想和责任,就不可能活得快乐。"

甲乙丙三位信徒齐声道:"那请问禅师,我们要怎样生活才能快乐呢?"

无德禅师道:"你们认为得到什么才会快乐呢?"

甲信徒说:"有了金钱,我就会快乐了。"

乙信徒说:"有了爱情,我就会快乐了。"

丙信徒说:"有了名誉,我就会快乐了。"

无德禅师听后,深深不以为然,就告诫信徒说:"你们这种想法,当然永远不会快乐。当你们有了金钱、爱情、名誉以后,烦恼忧郁就会随着后面占有了你。"

三位信徒无可奈何地说:"那我们怎么办呢?"

无德禅师回答:"首先,你们必须改变观念,金钱要能布施才有快乐,爱情要肯奉献才有快乐,名誉要用来服务大众才会快乐。"

外在的一切,终不是究竟、长久的快乐。改变观念,拥有般若的思想,才是生活快乐之道。

(三) 般若的生活

所谓般若的生活,是一个人能大能小、能有能无、能多能少、能早能晚、能忙能闲、能高能低、能退能进、能苦能乐、能富能穷。每一个人都有其本性的性能,有的人性能很好,有的人性能不好。

有用的人生,是无所不能的。人人具有般若的本性,也应该能过般若的生活,有了般若,一杯茶的味道就不一样;有了般若,别人骂我,是在替我消灾;有了般若,钱被人家倒闭了,当作是过去欠他的。般若会让我们在生活中不瞋不怒,安然自在。

(四) 般若的教化

有了般若,教化自然不同。

在妙善禅师的金山寺旁,有一条小街,住了一个贫穷的老婆婆,与独生子相依为命。偏偏这儿子忤逆凶横,经常斥骂母亲。妙善禅师知道这件事后,便常去安慰这老婆婆,和他说些因果轮回的道理。逆子非常讨厌禅师常来家里,有一天起了恶念,悄悄拿着粪桶躲在门外,等妙善禅师走出来,便将粪桶向禅师兜头一盖,刹那腥臭污秽的粪尿淋满禅师全身,引来一大群人看热闹。

妙善禅师却不气不怒,一直顶着马桶跑到金山寺前的河边,才缓缓地把马桶取下来,旁观的人看到此狼狈相,更加哄然大笑,妙善禅师毫不在意地说道:"这有什么可笑的?人身本来就是众秽所集的大粪桶,大粪桶上面加个小粪桶,有什么值得大惊小怪的?"

有人问他:"禅师你不觉得难过吗?"

妙善禅师道:"我一点也不难过,老婆婆的儿子慈悲我,给我醍醐灌顶,我正觉得自在哩!"

后来那忤逆的儿子为禅师的慈悲所感动,改过自新,就向禅师忏悔谢罪,禅师欢欢喜喜地对他开示:"父母养育之恩山高水深,不能好好孝养,反而打骂犯上,如此不孝,何以为人?"

受了禅师的感化,逆子从此痛改前非,竟以孝声闻名乡里。

禅师把人体看作是大的粪桶,并且不厌恶粪尿之臭之耻,是他的般若智慧,因此而感化逆子痛改前非,更是他般若的教化。

常有人问我:"佛陀现在在哪里呀?"有缘佛出世,无缘佛入灭。佛在哪里?佛是无处不在,无处不遍。心中有佛,佛就在我心中,所以有佛法,就会有般若。因此以般若智慧来看人生,没有生死,没有生灭。在般若、涅槃的世界里,没有你我的对待,没有时空的限制,没有生死的轮回,不在三界内,超脱于无形中,这就是般若的人生,是真正的解脱自在。如果能认识空,证悟般若,那就是我们永恒的人生。

1990年4月14日讲于高雄文殊讲堂

行为平坦的道路

行为平坦的道路,要靠我们每一个人脚踏实地去建设,
过程虽然很辛苦,但是只要熬过日晒雨淋的艰难,
就能享受风驰电掣的乐趣。

每天我们身体所做的事情、口里所讲的言语、心中所起的各种意念,如果没有一条平坦的道路,给予我们身口意三业一条正确的指南,行为就可能产生偏差,而造成不幸的后果,可见平坦的行为道路之重要。以下分为四点说明。

一、怎样认识行为善恶的标准

我们的身体、言语、念头所表现出来的行为结果,有善有恶,如何认识我们行为的善恶标准,导恶向善,可以从几个角度来探讨。

(一) 善恶是非,难以辨别

有些行为很难遽然辨别它的善恶标准,有时看起来是凶恶的行为,细细推究它的情形却是救人的善心;有时看似助人济世的利行,却反而害了对方。譬如杀人本来是犯罪的,但是当一个无恶不

作的歹徒被绳之以法，执行法律的刽子手快刀杀了他，这种行为究竟是善，还是恶的呢？刽子手在处决犯人的时候，可能也会耿耿于怀。同样的杀人，恶徒的杀人是怀着凶残、暴戾的瞋心而杀人，而执行法律的刽子手对于杀害的对象，没有深仇宿恨，只不过替国家执行一项除暴安良的工作，两者的动机不同，两者的行为结果自然大异其趣。因此，我们不可以一般"杀人就是罪恶"的标准，去衡量刽子手的职务。

　　杀害别人有罪，那么杀害自己有没有罪过？在法律上对于自杀虽不加以判决，但在佛教认为自杀不仅是愚痴的行为，并且是罪恶的行径，因为个体的生命不仅仅属于自己所有，我们的生命既然由父母、家族、社会众缘所成就，就应该回馈于大众，岂可私自毁灭？何况自杀以后不仅无法解决原来的问题，且犯了杀业，终究不能获得解脱，何必作践自己的宝贵生命呢？杀人有罪，杀害昆虫动物有罪吗？如喷洒农药、DDT，杀害蚊蝇害虫，罪孽重不重？一般来说，杀生是有罪的。有些人也许会说：我是种田的，我是卖农药的，我不要信仰佛教，因为佛教主张不杀生，不杀害虫我何以维生？其实纵然你不信仰佛教，你不杀生，还是一样有罪。佛教是人本的宗教，同样杀生，杀戮人类的罪比杀害其他动物重。虽然如此，我们也不可以此为借口而滥杀生物，不得已而杀，也要存着慈悲心为生物祈福。

　　杀生是罪过的行为，说谎打妄语也是罪过的行为，既然如此，以后遇有什么事情，噤若寒蝉，一概闭口不言，一定万无一失，不会有差错了。但是从佛教的不妄语戒来看，仍然犯了戒律。子虚乌有的事胡乱制造是非、挑拨离间，不该说而说是妄语；有人作奸犯科,知而不言故意包庇对方,该说而不说也是妄语。譬如发现了一个犯人,不去检举,因而危害到国家社会的安全,同样是犯法、犯戒。佛教说不恶口,要多赞叹,不过对方明明是个大坏人,却对他阿谀奉承,从佛法来看,赞叹固然容易入佛道,非法的赞叹反而是妄语。

从另一个角度来看,打妄语是不当的行为,但是有时打妄语却是慈悲的菩萨行。譬如医生安慰患了绝症的病人,虽然打了妄语,动机则是善良的;再如我们到别人家里拜访,过了吃饭时间,主人问你:"吃饭了吗?"明明未吃,却回答说:"吃过了。"像这样,为了怕打扰对方,纵然欺骗了对方,但出发点是纯正无罪的。因此我们的身口意行为,有时很难辨别出是是非非、善善恶恶的标准,所以保持意念的正知正见是非常重要的事。

(二) 善恶好坏,一般标准

善恶是非既然很难判定它的标准,那么,世间是不是就没有善恶是非了呢?佛教认为善恶好坏仍然有它的依据,因而对我们的身心活动订有十条善恶标准,也就是所谓的十恶与十善。所谓十恶是指:

1. 杀生:举凡杀人、伤害、杖打、鸩药、下毒等都是。
2. 偷盗:如抢劫、窃盗、诈欺、侵占、贪污,乃至违反票据法等。
3. 邪淫:如重婚、强奸、有伤风化、妨害家庭、拐骗人口等。
4. 妄语:如诬告、伪证、造谣、背信、教唆、欺骗等。
5. 两舌:如挑拨、离间、搬弄是非,人前人后说话不一致等。
6. 恶口:如骂人、毁谤、讥讽、嘲笑等。

7. 绮语：奉承、阿谀、谄媚、不当的赞美等。

8. 贪欲：对五欲六尘的贪执。

9. 瞋恚：如忿恨、不满、嫉妒、怨毒等。

10. 邪见：遮无因果，对父母、善恶等道德价值的邪恶见解。

十恶之中，杀生、偷盗、邪淫为身业所犯的三种恶事；妄语、恶口、两舌、绮语为口业所犯的四种恶事；贪欲、瞋恚、邪见是意业所犯的三种恶事。我们的身口意三业在无明覆盖下，做出十恶，使我们的身心在痛苦烦恼中浮沉轮回，不仅伤害自己，更危害了社会。

假如我们将世界上所有监狱里的犯罪案例作一个调查，会发现这些身陷囹圄、失去自由的犯人，都犯了十恶当中的某一件事情。如果我们知道警惕，不做这十种恶事，不杀、不盗、不邪淫、不妄语、不两舌、不恶口、不绮语、不贪、不瞋、不痴，转十恶为十善，不但自己幸福快乐，社会也多了一份安宁祥和。

（三）看是恶事，实是善事

有些行为看起来是恶事，仔细推敲却是善事。譬如杀生本来是残忍的事，但是为了救生而杀生，以杀生为救生，是菩萨的慈悲方便权智。释迦牟尼佛过去因地修行时，发现一个强盗起了贪念，要将路过荒野的500位商人害死，以抢夺他们的财富。他不得已，兴起"我不入地狱，谁入地狱"的悲心，杀了1个恶人而救了500位商人。像这种慈心而杀，不能以一般杀生的尺度来论断他的罪过。如前方的军队驻扎前线，保疆卫国，让老百姓能过着幸福快乐的生活。当敌人来侵略的时候，势必要展开激烈的杀戮，这种救万民于烽火、止暴安良的杀生，在佛教认为是以慈悲对治瞋恨的方法。

五戒当中，一般总认为偷盗罪最不容易违犯，其实不然，偷盗罪是最容易在无心的状况下触犯的。我们到公园散步，看到花朵开得很灿烂，随手摘下一朵，这花是有主之物，不经主人同意随便摘取，便是偷盗。别人的桌子、椅子，对方没有请我们坐，随意就坐上去，侵犯了对方的所有权，是偷盗。公家的信封信纸，随手拿来使用，损害大众的利益，也是偷盗。寄信邮资不够是偷盗，父母的钱不告而取是偷盗。在我们的日常生活中，违犯偷盗的概率实在太大了，而在佛教里，对偷盗罪的界定更为严格。如比丘应邀去受供，一桌的饭菜都摆好了，主人没有把碗筷给我们就取来食用，如此就犯了偷盗罪，佛教对于他人的所有权，是非常尊重的。

　　有一位安养比丘尼，有一天夜半睡眠时，小偷潜进来盗窃，把他仅有的一条棉被偷走了，安养比丘尼没办法，只好以纸盖在身上取暖。负责巡寮的弟子听到动静，赶到师父房间巡查守望，小偷在惊慌之际，把偷到手的棉被遗留在地下，仓皇地逃走了。徒弟捡到这床师父的棉被，进门一看，师父身上盖着纸张，缩着身子直打哆嗦，赶忙把棉被盖在师父的身上，安养比丘尼一看说："这条棉被不是被小偷偷走了吗？怎么会盖在我的身上呢？既然是小偷偷去了，就是他的东西，赶快，拿去还给他！"

　　弟子无奈，在师父的百般催促之下，费了九牛二虎之力，才把逃遁的小偷找到，表明师父的意思，坚持把棉被还给他，小偷受了感动，从此改邪归正，成为善良百姓。像安养比丘尼这种护贼而度贼是一种慈悲，波斯匿王治盗罪也是一种慈悲，都曾经获得佛陀的嘉许。

　　宋朝的一代宗师永明延寿禅师，未出家前为地方州府，有一年逢到干旱，民不聊生，他看了不忍，于是未经朝廷批准，启用库银发粮赈济。永明禅师盗用国库的事情传到了皇上耳中，皇帝大怒降罪下来，处以极刑，正要被杀时，永明禅师心想："在国法上，我虽然贪污犯罪，但是在佛法上我放生救民，是一件有功德的事，求仁得仁于愿已足，我把生命交给诸佛菩萨了。"

说也奇怪，刽子手几次行刑的时候，一只苍蝇老是绕着刀口纠缠不去，使得刽子手无法下手。监刑官于是将案情上禀朝廷，经过再三调查，终于赦免了他的罪。后来禅师出家，成为佛门大德。

贪污本来是恶事，不过永明延寿禅师为了救百姓而动用公款，出自一片爱民的慈心悲愿，真是有"但愿众生得离苦，不为自己求安乐"的菩萨心肠。

一般而言，贪爱女色是不净的行为，但是《华严经·入法界品》中的须蜜多女，却以绝代的姿色为度众的因缘，让淫欲心重的众生，透视淫欲的虚妄染污，根本熄灭淫欲的念头。道教的三茅祖师以爱心修梵行，答应寡妇的婚姻，抚孤成长之后，反而比两位师兄早成道业。末利夫人为了救厨师一命，不惜喝酒犯戒。

智舜禅师则更彻底，不仅救了野雉，还割下自己的耳朵作为猎人的下酒菜。在古德看来，只要能救度芸芸苍生，抛却生命也在所不惜，何况区区"受之父母"的身体发肤呢？这种存仁心于胸臆，置生死于度外的壮行，需要多大的勇气与慈悲！

（四）微小恶事，成为大恶

古人说："勿以善小而不为，勿以恶小而为之。"有时我们会以为区区小事，做了不要紧，殊不知涓涓滴水，年岁一久也能穿石，星星之火可以燎原，小小的罪过也会酿成天大的灾祸。譬如小时偷窃，长大以后，食髓知味，就变成大盗；小时虐待动物，成人就变成杀人魔王。更糟糕的是有些人做了恶事，不但没有羞耻惭愧心，并且沾沾自喜，洋洋得意。这种喜杀、乐杀，甚至看到别人杀而赞叹，罪业更为深重。

偷盗，自己去盗取他物固然有罪，教唆别人偷盗，甚至见人盗窃心生欢喜，同样有罪，甚至罪恶更深。

淫欲、妄语、喝酒等罪业也相同，自己喝酒，并强迫别人喝酒；自己妄语，还以别人受骗为乐；自己邪淫，并且借淫威胁对方就范。

凡此种种为见解上的错误，难以挽救。破戒好比树木折干损枝，可以忏悔改过；见解错误的破戒则如同腐烂的根茎，是无法忏悔回头的。我们切莫因为一时的邪知邪见，把微小的罪过衍化成万劫不复的重大罪孽，而留下千古的遗憾。

二、怎样策励行为向善的力量

我们的身心好比脱缰的野马，顽劣不羁，难以调伏；又像山间的猿猴，变化不定，掌握不易。如何握紧手中的绳索，调伏这匹烈性的野马，驯服这只急躁的猿猴，让它听从使唤，循规蹈矩？策励我们的行为，使它走向美善的大路，必须要做到以下几点：

（一）要有节制的感情生活

感情好比水、阳光。植物不能缺少水与阳光而存在，缺少了水和阳光的植物，固然会枯竭而死，但是水分太多、阳光太强，脆弱的植物仍然会承受不起而死亡。佛教称我们为有情众生，感情生活的需求本来是自然的事情,只是感情如果处理不当,用情过多,反被多情所苦。翻开每日的报纸,有多少因为感情纠纷而引起的不幸事件。水能载舟,也能覆舟;阳光能成熟万物,也能毁灭一切生机,使万物干渴死亡。

我们不能离开感情而生活,但是感情应该有所节制,过与不及都不恰当,应该过着中道的感情生活。把私情私爱升华成为道情法爱;把占有强求的感情净化成为奉献成全的慈悲,转有情为无情,化专情为爱一切众生的大有情。

(二) 要有合理的经济生活

合理的经济生活是生存的基本要素,春秋时期管仲说:"仓廪实而知礼节,衣食足则知荣辱。"佛教八正道中的正业,就是指正当的职业。有了正当的职业,生活的基本需要有了依靠,才有余力去帮助他人,服务社会。凡是不危害社会、大众的士农工商等职业,都可以去从事。佛教主张应该存财于百姓,百姓富足了,国家才能强盛,佛教有了净财,也才能兴隆,因此合理的经济生活是被认许的。而举凡伤天害理、陷民于不利的工作,譬如开辟赌场,牟取暴利;贩卖军火毒品,危及国家;私贩人口,伤风败俗;乃至开酒家、开地下舞厅等不当行业,都是佛教所禁止的。至于经济犯罪,扰乱国家的安定,纵然暂时吃到了刀口上的蜂蜜,也终会付出了割舌的血淋淋代价。君子取财有道,非分之财不觊觎。巧取豪夺,虽然一时尝到甜果,却种下生生世世的苦因。我们要追求的是永世安乐的经济生活,而不是如昙花一现般短暂梦幻的享乐。

(三) 要有正常的社会生活

人是社会的动物,不能离开群众而单独生活,即使是佛教的出家生活,也是一种团体的社会生活。佛教称出家人为僧,僧是众的意思,出家人的团体则称为僧团。僧也好,僧团也好,都是表示众人在一起团体生活。每个人都无法离群索居,势必和许多人发生密切的社会关系,所以要成为健全的人,想追求幸福快乐,就必须过正常的社会生活。

如何过正常的社会生活?忍耐、谦和、慎言、宽容的涵养很重要。古人说:"涵养怒时气,提防顺口言,谦恭原益己,轻薄易招愆。"做人话不可说尽,势不可使尽,凡事要留个余地。越是愤怒的时候,越要克制自己,不轻易口出恶言,伤人伤己。

佛经上说:"瞋火能烧功德林。"一时的怒气,无心的言语,往往会毁掉多年辛苦培养的友谊与功德。待人谦逊包容,不骄矜恃宠,静坐常思己过,闲谈莫论人非,要常常反省检讨自己的缺失,而不斤斤计较别人的过错。宁可他人负我,我绝不负他人,以责人之心责己,以恕己之心恕人,能够以如此宽容、体谅的心来对待社会生活的一切,未来必定是一条坦荡的大道。

(四) 要有德化的宗教生活

如何激励我们的行为走向美善,除了感情生活要节制、经济生活要合理、社会生活要正常之外,更要有德化的宗教生活。所谓德化的宗教生活,就是将我们的生活道德化、宗教化,把道德的崇高理想和宗教的虔诚精神融入我们的生活之中。七佛通偈说:

> 诸恶莫作,众善奉行,

自净其意,是诸佛教。

佛教徒吃饭时,开始动筷吃三口饭,会先念:"愿断一切恶事,愿修一切善行,愿度一切众生。"意思是要做一切的好事,不做一切的坏事,帮助一切的人,这就是德化的宗教生活。如果人人都有道德的伦理观念、宗教的高尚情操,这个社会就可以消除罪恶,路不拾遗、夜不闭户的大同世界也就指日可待了。

有了德化的宗教生活,君子不欺暗室,佛子不昧自心;有了德化的宗教生活,人人修福修慧修德,个个能禅能净能律,平时动中有静,静中有动,动静一如,随缘安住,何处不是桃源净土呢?

三、怎样忏悔行为错误的恶事

当我们做错事情,行为上有了污点,应该如何忏悔改过,去除瑕疵?

(一) 不可覆藏,惭愧改过

古人说:"人非圣贤,孰能无过?过而能改,善莫大焉!"没有过失固然可喜,有了过失能够勇敢改过,更是难能可贵,所谓不文其过,知其过而能改,就是此意。有了过失,应该惭愧忏悔,不可掩饰己过、积小成大。

忏悔像清水,可以洗净身上的恶行污垢;惭愧像衣服,可以庄严身心的清净功德。小孩子做错事,母亲拿起竹鞭要抽打下来,但是听到孩子哇哇的求饶声:"妈妈!我知道错了!下次再也不敢了。"再狠心的母亲,也软了手。所以知道惭愧认错,万恶的罪人也会被接纳原谅。同样的犯戒做恶,在家人的罪业比出家人深重,因为出家人犯戒做坏事,会有一念惭愧之心,这一念的惭愧羞耻,就是人性最为珍贵的良知良能。

(二) 发露忏悔,身心清净

有了过失,在人前至诚发露表白,痛悔前愆,自然能够身心清净。臭气冲天的水沟盖得愈紧,臭气愈重;肮脏油腻的抹布愈加使用,愈见污秽。同样的,我们的行为有了污点,如果不知悔改,好比脏抹布、臭水沟,只有加速堕落毁灭,如果能发露忏悔,才有重见天日的希望。

(三) 依法忏悔,出离众罪

忏悔的方法很多,如天台宗的三忏法、梁皇宝忏、慈悲水忏、金刚宝忏等都是。天台宗的三忏分为:

1. 戒律门:受持戒律,不违犯戒律。有的人也许会认为佛教的戒律太不自由,束缚我们的行动;受了戒,做错事会犯戒,不受戒就没有罪了。这是错误的想法,好比一个人不懂国家的法律,触犯了国法,仍然要接受法律的制裁;不受戒行恶,还是犯戒,犯戒一样逃不过因果的报应。何况戒是自由、平安的轨道,行为的列车唯有在一定的轨道上行走,才不会出车祸,车毁人亡。

2. 功德门:平常修福修慧,与人结缘,乐于帮助别人、服务社会,都是未来解脱得度的资粮。

3. 无生门:无生门是佛教最高妙的忏悔思想,有的人做了错事,也接受了法律的惩罚,但是对于曾经犯下的错误,老是耿耿于怀,甚至社会有时也不能接受悔改的浪子,从佛教来看是不正确的。因为"诸法无我",罪业也是空无自性,不会永久存在,"本无罪业,此心能造此心消",我们的身心行为能制造种种的罪业,也能消除种种的罪业。忏悔如慧日,罪业如霜雪,至诚恳切的忏悔必将罪业溶化于无形。

(四)勇敢改过,能得安乐

佛陀教诫:"戒律重如地,傲慢高如山,烦恼多如草,心念快如风。"戒律的大地最为厚实,傲慢的高山最难攀登,烦恼的蔓草滋长最快,心念的疾风最捉摸不定。我们的心念快如迅雷闪电,一念之间遍及法界三千,成佛作祖是它,三界轮回也是它。一切的罪孽由它而起,一切的功德也因它而生,如果能够善加摄护,使心不起邪念,天堂净土就在眼前了。《六祖坛经·无相颂》说:

> 心平何劳持戒,行直何用参禅。
> 恩则孝养父母,义则上下相怜。
> 让则尊卑和睦,忍则众恶无喧。
> 若能钻木取火,淤泥定生红莲。
> 苦口的是良药,逆耳必是忠言。
> 改过必生智慧,护短心内非贤。
> 日用常行饶益,成道非由施钱。
> 菩提只向心觅,何劳向外求玄。
> 听说依此修行,天堂只在目前。

我们不妨依照六祖惠能所开给我们的妙方,忏悔我们行为上的错误、邪恶,还给自己本来清净的菩提。

四、怎样铺好行为平坦的道路

铺好人生的高速公路既然那么重要,那么如何成为一名优秀的工程师,为自己铺好一条坦荡无碍的高速公路呢?

(一)不犯他人的慈悲

佛教徒应该受持五戒,五戒其实是一戒,就是不侵犯戒。不杀是不侵犯他人的生命;不盗是不侵犯他人的财产;不邪淫是不侵犯别人的名节;不妄语是不侵犯别人的声誉;不饮酒是不侵犯自己的智慧,转而去侵犯他人。当有人侵犯我们的时候,我们必定很痛苦,将心比心,别人当然也不希望有人侵犯他,这种不敢侵犯、不忍伤人之心就是慈悲。假如人人都能有这份慈悲,我们的社会将会减少许多的罪恶,迈向文明开化的大道。

如何做到不侵犯的慈悲呢?

1. 不为讨便宜而侵犯别人:讨小便宜是人的恶劣习性,譬如乘公交车插队,排得好好的队伍,为了自己讨一点点便宜,抢到别人的面前,破坏整个公共秩序,即是不当的行为。

2. 不为逞己快而讽刺别人:我们的口如同一把利斧,容易伤害自己,也容易伤害别人。当别人有不顺我们心意的时候,切莫逞一时口舌之快,冷嘲热讽、漫骂讥笑。对方地位显赫了,讥讽他架子大,不念旧友故交;对方事业腾达了,嘲笑他依靠裙带关系,钻营奉承。如此说人是非,道人长短,都是要不得的酸葡萄心理。

3. 不为忌彼好而打击别人:有一些人看到一个出类拔萃的优秀者,不但不能给予鼓励,反而排挤他、诋毁他;看到别人有很高的成就,不仅不能随喜赞叹,并且嫉妒他、打击他。我们希望社会更好、更进步,必须每个人捐弃嫉妒的心理,培养成功不必在我,光荣归于大众的气度。

4. 不为护私欲而伤害别人:有的人昧于事理,感情用事,为了个人的私欲而不惜牺牲大众的利益,如都市建设计划需要拆除旧址,拓宽路面,有的人坚持拒绝政府的补偿,不拆除自己被规划在建设蓝图上的小屋,造成交通的阻塞不畅。由于私心私利,而造成社会的不便,就是侵犯他人公益的行为。

(二) 遇事柔和的安忍

佛经上说:"天下最大的力量,是忍耐的力量。"自古刚强必先毁败,我们的牙齿比舌头刚利,却比舌头容易蛀坏。柔能克刚,至柔的水能够穿透至刚的岩石,以柔和安忍来处事,再艰难的事也能迎刃而解。

1. 要有承顺教言的性格:一般佛弟子诵经闻法,常常只奉持了半部经,为什么呢?每一部佛经的开头是:"如是我闻",然后以"信受奉行"结尾。佛弟子通常只做到"如是我闻",却不能做到"信受奉行"。原因是佛弟子没有承顺言教的性格,闻而不信,受而不行,如飘浮无根的蓬草,如何深植于大地?承顺教言的性格,如水受于器,如种植于地,才能落实稳健,卓然有成。

2. 要有从善如流的作风:佛教的基本要义在教导我们,对于世间的万象不起执着,才能获得解脱。但是在《阿含经》里却说:闻善言不着意的人,不具备做人的条件。意思是说听到了好话,不用心把它牢记下来,成为自己所有,并且从善如流,依照着去实践;这种游戏人间的轻慢态度,将丧失做人的资格。

3. 要有虔诚恭敬的态度:待人谦恭有礼是现代文明人必备的条件,佛教说世间有四小不可轻视,四小指小王子、小龙、星星之火、小沙弥。小王子未来长大将掌管国政,成为一国之君;小龙将来成为大龙,会兴风作浪;星星之火可以燎原;小沙弥是佛教未来的龙象。四小犹不可轻蔑他们,一切众生也不可骄慢对待他们,《法华经》的常不轻菩萨,逢人即合掌礼拜,因为在他看来一切众生都是未来佛,因此要虔诚礼敬他们。如果能将一切众生视如佛陀来恭敬,就拥有了佛心。

4. 要有克己利他的愿心:我们要有燃烧自己、照亮别人的利他愿心,好处别人享受,辛苦我来承担,你有我无,你乐我苦。一个厨师辛辛苦苦煮了一桌宴席,当他看到别人吃得津津有味,齿颊留香的满足样子,往往比他自己享受珍肴美味更快乐,这就是克己利他的态度。

(三) 勤俭朴实的习惯

勤俭朴实是事业成功的要素,更是古来君子圣贤的风范。再肥沃的土地福田,不勤劳精进去耕种,还是会荒芜而没有收成;再兴隆的祖业家产,不能节俭朴实持家,终有挥霍殆尽的一天。养成勤俭朴实的习惯,事业已经成功了一半。

1. 要有勤劳工作的天性:有人工作稍微忙碌,就常常慨叹说:"我歹命,劳碌命呀!一刻都闲不下来。"忙碌不是劳碌命,不是歹薄的命,而是幸福的命。越忙碌表示你越有能力,能为更多的人服务。

孙中山先生曾说过：有十人之力则服务十人，有百人之力则服务百人。人生在世要多多勤劳，勤劳是幸福快乐的泉源，懒惰是贫穷的原因，贫穷是罪恶的根源；养成勤劳工作的习性，就是个富有的人。

2. 要有节俭心物的灵巧：平常我们讲节俭，大部分的人只知道要节俭物质、节俭金钱。除此之外，我们更要节俭时间、节俭岁月、节俭感情、节俭智慧。有许多人不能善加利用时间，把宝贵的光阴浪费于言不及义的闲谈，蹉跎了岁月，糟蹋了生命，多么可惜。有的人则滥用感情，不知节制，苦了自己，也害了别人，我们有了节俭物质、精神的灵思巧慧，就能过着不增不减的中道生活。

3. 要有朴素无华的生活：佛经上说：知足第一富。真正的财富不在外求，而在内心的财富。外在的财富为水、火、战争、苛政、不肖子孙五家所共有，内心的圣财是取之不竭，用之不尽的。恬淡朴实是我们的财富，本分无华是我们的财富。日食万钱，日用斗金，虽然令人羡慕，但是穷奢极侈往往是日后失败的祸因，朴实无华的生活才能长久，菜根香的平淡生活自有它的隽永味道。

4. 要有诚实无欺的美德：诚实是做人的基本修养，人言为信，言而无信不足为人。讲信用、信实，不仅对他人守信，对家庭守信，对国家社会守信，并且要对自己的抱负理想守信，对自己的立场原则守信。有的人一年换了三百六十五个行业，对工作不能守信；有的人常常在立志下决心，对自己的承诺不能守信。这种浮华不定的性格，注定一事无成。

（四）维护正义的勇气

《论语》说："君子无所争，必也射乎？"佛陀也教育弟子僧团以不争为贵。古圣前贤不争个人荣辱，不逞匹夫之勇，但是当正义公理受到危害，则能发挥道德勇气，为保护真理圣教而忘躯。由于有这些先哲卫道护教、积极为善的精神，真理正义才能流传于人间。

1. 要不乱杀而给人方便：我们要以悲悯的慈心，设身处地为他人着想，给对方方便，帮助他、成就他，不仅不杀害他的生命，尤其不挫杀他的信心，不断绝他的生机，这就是济人爱物的仁。

2. 要不乱取而施人欢喜：不是自己的东西，纵然是稀世宝物也不贪想妄取，并且进而能广行布施，济贫助急，给人欢喜，这就是安分利他的义。

3. 要不乱淫而护人名节：名节是一个人的重要生命，人世间男女相悦，彼此婚姻，是社会容许的事，但是爱慕要忠于礼节，蛮横强取，侵犯对方的身体名节，反而转爱为恨，是不智的行为。能够爱护对方，不私心占有，这就是尊重他人的礼。

4. 要不乱说而揭人善举：中国人有一个坏习惯，喜欢挖人隐私，传恶不扬善。这个社会多一些好事，不是我们社会大众的共同幸福吗？佛经上赞叹释迦牟尼佛有庄严的三十二相，其中有舌覆额面的广长舌相，佛陀为什么能感得如此的正报呢？因为佛陀是真语者、实语者、不妄语者、不绮语者，佛陀对众生说话只有赞叹、鼓励，这就是给人信心的信。

行为平坦的道路，要靠我们每一个人脚踏实地去建设，过程虽然很辛苦，但是只要熬过日晒雨淋的艰难，就能享受风驰电掣的乐趣。

1983年4月29日讲于大甲

身心安住的家园

佛国的完成不在他方世界,也不在未来流光,
而在当下人间净土的建立,现世人生的庄严。

一般人以为我们的心就住在我们的身体里面,那么我们这个色身又住在什么地方呢?我们必须知道人的身体就如一栋房屋,住久了,自有败坏的一天;当"我"被迫搬"家"时,就会依业力的轻重各自去轮回了,因此而有住进"高楼大厦"或"茅舍矮屋"的差别。但不管世间法多么无常,我们所当把握的是现世人生,所应追求的是如何在有限的人生,建立一所可以安住的家园。

要建立这所家园并非容易,不但要有一般建筑事业的基层架构和装潢设计,最重要的是要有净化身心的高瞻远瞩与誓愿精神。唯有断除烦恼,依持一颗朗朗如晴空般的心,才能建立我们心目中理想的净土。如何建立身心安住的家园?我分为四点来说明。

一、身心活动的情况

俗话说:"世有百年闲日月,人无一点好身心。"意思是尽管世

间有多少闲适的岁月,但是人实在难保永恒的清净自身。因为我们不明白自己身心活动的状况。

在我们一生当中,最亲近相知的朋友,莫过于身心了。不论我们去哪里,或者做什么事,身心总是如影随形,寸步不离地环绕左右。这样朝夕相处的朋友,我们却从来不知道去照顾关爱它。平常我们东奔西跑,忙里忙外,身心不辞辛劳地随侍在侧,一一替我们承担所有苦难。但是,我们从来不知拨冗去陪伴这个知己,让它孤独一生;更不知道好好去对待这位故交,任它迷惑不知所从。

有个人由于平时不太爱惜身心,过度糟蹋身心而没有节制,身心终于不堪负荷而败坏了,等到临终时,此人才懊悔没有善待身心,这时身心开口说:"你要挣钱,我替你奔波赚取;你要谈恋爱,我为你分忧解愁;你要打针吃药,我代你受皮肉之痛;你在世间做了种种事,我代你受种种的苦。现在你老了,竟然义无反顾要离我而远去,你真是太没有心肝了!"

这番话不禁让我们惭愧平日对待身心的薄情寡义了。我们终日汲汲营营,在这滚滚的万丈红尘里,究竟做些什么事?到底为谁辛苦为谁忙呢?想想我们每一个人的一生,年轻的时候,穷困潦倒,虽然没有万贯家财,身上总有几个零用钱可以花。等到辛辛苦苦创了一番事业,发达了,有了万两黄金时,反而身无分文,所有的钱财都交给银行保管去了,或者被不肖子孙挥霍了。

在贫困的时候,因为没有经济来源,只要有米饭,五六碗的粗糙米饭也可以囫囵吞食,吃得津津有味。等到事业有成就,吃得起山珍海味时,却胃口不好,容不下几粒白米了。过去没有地位时,可以随时笑闹喧哗,可以任意高歌作乐,一旦有了身份地位,反而不敢恣意开口畅言说话了。古德说:"良田万顷,日食几何?大厦千间,夜眠八尺。"正足以说明了个中的沧桑和无奈。

为什么没有钱的我和有钱的我,同是一个"我",却有千差万别的景象呢?平时吃饭穿衣、谈天说地、嬉笑怒骂的我,是假相而非实在我,真正的我早已被五欲六尘污染了。我们的身体是个烂仓库,里面储藏了许多不良的产品;身体是藏污纳垢的根源所在,是种种不清净念头、细菌的培育温床。这些贪婪、瞋怒、爱欲、痴愚等等细菌,都是导致身心败坏的病因,再加上仓库本身的设备不佳,通风不良,如此恶性循环,身心就变成五欲六尘的奴隶,丧失了"真我"的存在。

知道病因的症结,就必须从根本去治疗,而不是头痛医头、脚痛医脚,胡乱投医。譬如有人生起了偷盗之心,转念一想如果自己是被偷窃的受害者,一定焦急万分,这一念的觉知醒察,使他放下妄念企图。虽然此人暂时放弃了邪恶的行为,但是他心中的邪知妄念没有根本去除,好比斩草不除根,春风吹又生,照样邪念丛生,妄想纷飞了。那么,什么才是根本的解救之道呢?

曾子一日必定反省三次才能心安,这个反省的功夫,其实就是净化身心的方法。曾子之所以要天天自省,正是害怕今日之非会变成明日之是,而这种积非成是的过程是我们不易察觉到的,因此我们每天要努力擦拭尘埃,不使爱欲的尘埃污染了我们的身心,这样一来,身心真正得见清净,真我便跃然出现了。

老子曾说:"人之大患,在吾有身。"佛教也说:"身为苦本。"身心的活动,关系着我们生活的苦乐、生命的净秽等问题。因此如何认识身心的活动情况,如何导正身心活动的正确方向,是非常重要的。身心的活动在哪里？身心有些什么活动？身心以财、色、名、食、睡的五欲，以及色、声、香、味、触、法的六尘为活动对象。身体有杀、盗、淫的活动情形，心理有贪、瞋、痴的状况；身体有生、老、病、死的现象，心理有生、住、异、灭的变化。身心活动的不正确，导致许多的祸源，种下许多的苦果。

有一位比丘在森林中禅坐，突然听到一些动物在叽叽喳喳争论不休，乌鸦首先发言："我认为世间饥渴最痛苦，像我们找不到食物，那种饥肠辘辘的滋味真不好受。"

乌鸦才讲完，鸽子也跟着发表意见："不对！世间最痛苦的是欲望得不到满足。"

蛇在一旁也说道："瞋恨才是世间最为痛苦的事，瞋火尚未烧到别人时，已经把自己烧得焦头烂额了。"

始终默默不发一言的鹿，慢条斯理地说："畏惧最痛苦，大家不是天天在担心猎人的弓箭，不知什么时候会射中我们吗？"

大家你一言、我一语，七嘴八舌互不相让，比丘被吵得没办法，终于出定告诉这四种动物："你们都只说到表面，真正的痛苦在于我们的身体，身体才是痛苦的根本。"

有了身体，我们天天要为它沐浴妆扮、抹红戴绿；因为身体，我们才要辛苦奔波为它吃饭睡觉；由于身心的活动造作，我们也因此有了生死轮回。

佛经上有段关于身心活动的记载：有一天佛陀带着弟子出外托钵，看到路旁有一个修行人在鞭打一具尸体，弟子很纳闷，问他："这具尸体和你有什么仇恨，你为什么要鞭打他？"

"这具尸体是过去世的我，由于无明烦恼，它做了不少坏事，使我在无始生死中沉沦,因此鞭打他。"

修行人回答着,转身却对另一具尸体礼拜,并散撒香花。佛陀的弟子很奇怪,又问:"那么,这具尸体和你又有什么关系,让你如此地恭敬他?"

"这个尸体也是过去世的我,由于它一心向道,懂得修行,因此我才能出生为人,并且出家做了修道人。"

尸骨在此,人在何方?了知真我,不在皮囊。身体只是个囊袋,终有腐坏的一天,身心所造作的业力,将牵引我们去接受应有的果报,同样的身心活动,心念不正,行为乖戾,将使我们在痛苦深渊中浮沉;心念纯净,行为正直,就能远离恶途,趋向善道,由此可见身心活动状况的一致性。而心的力量尤其巨大,不仅维系色身的行、住、坐、卧等等活动状况,也关系着一个人的苦乐哀荣,心力之大可以左右一个人的幸福与否。心境一变,烦恼就是菩提,心念一转,就能身心愉悦,海阔天空,而得解脱的涅槃了。

有一个失明的女子,生得十分美丽。许多男子对她倾心钟情,可是她认为自己是个残疾人而心生自卑,不敢接受男子对她的情爱。直到有一名男子对她百般追求,起初不敢与他来往,但是精诚所至,金石为开,最后这个女孩终于受到感动而答应嫁给他。男孩听到这个消息非常欢喜,情不自禁地拿起一面镜子对着女子说:

"你好漂亮!我真是喜欢你。"

女子一听男孩如此赞美自己,仿佛晴天霹雳,伤心不已。心想:"你这个薄情汉,明明知道我双目失明,却故意拿镜子给我照,分明耻笑我是个瞎子。"她一气之下,一口回绝了这门婚事,并且大声喝道:"你走!走得远远的。"

这男孩扔掉了镜子,不断地解释说:"你在我心目中本来就是个完美的女子,我从来不觉得你是个瞎子啊!"

盲眼的女子被男孩这份挚情诚意所感动,说:"世界上所有的人都以为我是瞎子,只有你不把我当作是残废的人。你才是真正认识我、爱护我的人啊!"

有情人终于成了眷属。由此可见心念的力量有多大!一个心念可以促成佳偶,假使这个女子情到深处还不免自卑心的作祟,不能根除心上的魔障,就算有地久天长的山盟海誓也是枉然。所以,心的活动虽然千变万化深不可测,但仍然是一念之间的瞬息变化。有人一转念便能改邪归正,增品向上,有的人却始终徘徊在死胡同里不得脱身,就是这个缘故。明白了身心活动的情况之后,更要进一步去了解身心净化的方法,唯有清净的身心才能证悟自性,得到究竟的快乐。

二、身心净化的方法

我们的身心无时无刻不在活动,在种种的活动中,难免产生种种的烦恼病患。佛经上说:"往昔所造诸恶业,皆由无始贪嗔痴。"要消除业障,必须根治我们身心的污垢,而医治的方法,就是净化。

佛教谈到身心净化的方法,真是不胜枚举,譬如念佛、看经、作福等都是好方法,其中以"念佛"最为方便实在,也是最为直接的途径。谈到净化身心,以般若智慧来照破无明烦恼固然是可行之法,而用慈悲心可以净化身心,发愿心也可以净化身心,乃至修行苦练都可以达到身心净化的目的。在种种的修持法门中,以"念佛"最为简易便捷,而且三根普被,人人可行。

"念佛"一般说来就是念"阿弥陀佛"。一早起来,心如朗朗晴空一尘不染,逢人一声"阿弥陀佛",正是象征"一日之计在于晨"的积极精神。有客人来访,为了表示欢迎,念一声"阿弥陀佛",无形中给对方"宾至如归"的亲切。客人要告辞了,一声"阿弥陀佛",代表道别和离情;有人馈赠厚礼,不知道用什么话来感激对方,一声"阿弥陀佛",表达了无限谢意。看见有人不小心跌倒了,前去扶助也称念一声"阿弥陀佛",表示真诚的关怀,真是功德无量。

这声"阿弥陀佛"可以代表诸多的感激、招呼、爱护等。不过"阿弥陀佛"并非事到临头才挂在口上,而是平时养成习惯,随机称念。常有念佛的习惯,久而久之,自然就能默化潜移了。

有些人不相信念佛的力量,觉得"阿弥陀佛"才四个字,怎能包括了恻隐、感激、关怀、亲切、正义等深意,甚至也能消灾延寿,增福添慧,真是不可思议。有个信徒礼请法师到他家里诵经做佛事,法师开口就诵念阿弥陀佛。这个人听了,在一旁瞪眼睛说道:"老和尚,请你来诵经消灾,你怎么三句不离阿弥陀佛呢!"

法师不语,兀自反复地称念不绝。

"阿弥陀佛真有这么大的力量吗?"

法师被他这么一问,突然出其不备地骂了他一句:"混蛋!"这个人莫名其妙地被骂,心里很不是滋味,卷起袖子,一副气势汹汹的样子,很不服气地道:"你是个出家人,怎么可以出口伤人呢?"

法师哈哈大笑说:"混蛋才两个字,就有这么大的力量了,阿弥陀佛四个字,怎么没有力量呢?"

有些人夜间走路害怕神鬼,步步惊魂、胆战心惊的,便会唱歌来壮胆,有了歌声陪伴,走在暗路上自然就不怕鬼影了。连歌声都有如此力量,何况是称念阿弥陀佛的洪名圣号!为什么称念阿弥陀佛有如此大力量?阿弥陀佛四个字是"无量寿、无量光"的意思。无量光象征阿弥陀佛在空间上,如同丽日普照无远弗届,光芒四射恒常不变,阿弥陀佛度化众生的慈悲也是绵延不绝,所度的众生更是无涯无际。无量寿代表阿弥陀佛在时间上,生命亘古常新,不生不灭。宇宙万物唯一超越时空局限的"阿弥陀佛",就是真理本身。唯有阿弥陀佛四个字,才能横遍十方、竖穷三际,无所不包,无所不容。

有一次我主持佛七,这期间对念佛有特别的体会。有一天早上醒来,刷牙、盥洗时,口中自然称念阿弥陀佛;清水浸洒脸上,如同承受阿弥陀佛的甘露法雨,那么清凉舒服,一下子神采都飞扬了起来。吃饭的时候,也在念阿弥陀佛,感觉上不是在吃饭,而是在供养佛陀,流露着无量功德的喜悦。走在路上一步一步地也在念阿弥陀佛,感觉不是脚掌在走,而是羽翼在飞,那么轻盈自在,身心如释重负地宽阔起来,真是无上的快乐。这种身心的阔大,带领我走入"无我"的境界。整个身心融入虚空之状态,而"空"一直是我获益匪浅的宝藏,所谓真空生妙有,从阿弥陀佛的四字洪名之中,生出无限的功德。

从念佛当中体验到宗教的信仰,是必须经过透悟的。一直到现在,我习惯成自然随时随地都是一声"阿弥陀佛"。甚至坐在车上,看到窗外沿路的电线杆,我每见一根就口诵一声"阿弥陀佛",一根一声,交互成趣。每根柱子仿佛都是如来现身说法,我从中证悟了佛法就在一切日常机用的道理。

目前社会普遍呈现精神压力的紧缩状态,人人要求安身立命已相当困难,何况还要建立一所身心安住的家园,更是不容易。如果能把念佛当成日行一务,天天去念,自然修行有成,所谓"诚于中,形于外",有精诚做凭据,便能找到安住身心的地方了。

从前有一个姓王的人,他开了一家打铁店,每次一边敲敲打打,就一边称念"阿弥陀佛",几十年过去了,一直都维持念佛的习惯。他预知自己即将往生净土,于是就坐在打铁的台上说了四句话:"叮叮当当,久炼成钢,时辰已到,吾往西方。"然后恍似老僧入定,立地圆寂了。因此,不论从事什么行业,都可以借念佛的修行,求得身心的自在安住。

念佛有几种法门:

(一)三到:口到、耳到、心到

三到是念佛的基本要理,不仅要口诵清楚,耳听明白,更要了然于心。口、耳、心三到齐全了,自然能得到感应。

有一则笑话说西方极乐世界有个仓库,里面放置了许多眼睛、耳朵、嘴巴、手、脚等身体器官,意思是有人用眼睛看人念佛,眼睛便可以往生净土。耳朵听人念佛号,耳朵就能往生净土。用手数念珠,手就可以往生净土。有的人眼也不看,耳也不听,只有脚跟着大家绕佛,脚也能往生净土。但是如果口、耳、心三样都能同时用力,自然整个身心都能一起往生极乐世界了。

(二)三要:信心、愿力、行持

信心、愿力、行持是往生净土的三要门,净土法门易行难信,我们要往生极乐世界,首先必须对西方净土建立坚定不移的信心,确信有此法门,坚信三根可达,然后发愿往生,切实实践修持,必然能成。好比病患投医,先要相信医生的诊断,然后和医生合作要把病治好,努力服用药方,如此一来,沉疴也能痊愈。

(三)三声:大声、小声、心声

大声念佛是口出大声,朗朗诵念佛号,让阿弥陀佛的无边功德加护身心,将无谓的烦恼杂念去除,念念弥陀圣号,便能往生极乐世界。小声念佛是在平时的进退行止之间,如走路举步、言笑寝食等日常生活中,轻轻称念佛号。而心声则是在家庭、学校等不便说话或开口的公共场所,乃至一切地方,随时随地将佛号默念于心,念念不离心,我心就是弥陀,如此必可扩大自己的身心,而与弥陀合而为一。

(四)三业:身拜、口念、意想

念佛要三业一起着力,身体一起一伏,缓慢庄严地顶礼弥陀,口中清清晰晰地称念弥陀圣号,意念明明白白地观想阿弥陀佛的慈悲,三业并用,必能水到渠成。

(五)三法:持名、观想、实相

念佛法门有多种门径,大要之有三种方法,一种为诵持阿弥陀佛圣号,这是大众平常所采用的方法。一种为默默观想阿弥陀佛的光明、慈悲、庄严、殊胜等种种功德的方法,这种方法更进一步,注重意念的专精不二。另外一种为实相念佛。念佛的步骤,首先以称念弥陀佛号的正念来去除妄想散念,以正定来止住纷乱,不过,如此仍有念佛的人与被念的佛号,人境对待不能融合。念佛之道在以正念止妄念,最后连这念佛的一念也泯除,念而不念,不念而念,这无念而念念于心的境界,就是实相的念佛。

(六)三时:平时、忙时、亡时

念佛是随时随地、不分昼夜的,不但平时的行住坐卧要称念不断,连忙碌的分分秒秒也要把握念佛的机缘,尤其是临终一刻,更要用功勇猛,一心不乱、念念在兹,才能金台接引,随念往生。

白居易有一首诗说:"余年近七十,不复事吟哦,看经费眼力,作福畏奔波。何以度心眼,一声阿弥陀,行也阿弥陀,坐也阿弥陀,纵饶忙似箭,不离阿弥陀,达人应笑我,多却阿弥陀。达也作么生,不达又如何?普劝法界众,同念阿弥陀。"这首诗将称念阿弥陀佛圣号的利益与妙用描写地最为贴切淋漓,净化身心要念阿弥陀,未来要脱离轮回苦,更需要称念阿弥陀。

(七)三利:利己、利人、利国

念佛不但能使自己增品向上,还可以利人。因为一个人念佛有成,无时无刻不将弥陀的慈悲智慧称诵在心,自然不生妄念,不侵犯人,更不会伤害众生,在这种情况下,社会便能呈现祥和的景象,所有邪恶暴戾、欺骗抢夺自然隐避不见了,而正义、公理、仁爱等善良道德自然推行,人民就能安居乐业,国家更能万世太平。因此,念佛的效力和神用实在功德无量。

三、身心安住的家园

明了身心活动的状况,知道净化身心的方法,接着要积极建立幸福美满的家园。什么样的标准才能称为美满的家园呢?

（一）没有肮脏的污染，只有清净的环境

社会常常提倡美化人生运动，美化环境、美化学校、美化公共场所、美化社会、美化笑容。其中尤以美化笑容最为重要，每一个人如果都面带慈蔼的笑容，打一个照面都能会心地莞尔一笑，不但调和了人际关系，更能增进社会的生趣祥和，达到社会美化的效果。这一切美化社会、美化人生的工作应该从美化家园做起，因为一个人如果缺乏家庭的温暖与关照，纵然装出一脸勉强的笑容，这个微笑也不能永恒。因此首先要美化自家庭园，建设一个不但融洽而且艺术化的家庭，每一个人出门，都带着一颗微笑的心，走在路上触目尽是皆大欢喜、万象俱新的景象，这个社会还会不进步吗？

（二）没有经济的占有，只有均富的日用

一般家庭主妇的观念是先生只有挣钱的义务，没有用钱的权利，其实正确的想法应该是"先生有使用金钱的权利，而太太有保管金钱的权利"。假如一对夫妻不了解经济的真谛，不知道金钱的处理方法，误以为家财万贯，买得起洋房大厦，吃得起珍肴美食，穿得起绫罗绸缎才是富有，或是双方一意操权统财，都会造成家庭问题，引起家庭危机。一个家庭的生活要建立在衣食无虞、和睦互敬的原则上。日用足以自给，不向外求便够了，何况夫妻幸福的条件本来就不是建立在金钱的互赖，而是对彼此感情的终生信任。

（三）没有猜疑的误会，只有互相的信任

幸福美满的家园要建立在彼此的坦诚、相互的信任之上，猜忌、怀疑只会毁掉辛辛苦苦所建设的家庭。

佛经上有一则譬喻:有一对年轻夫妇新婚燕尔,有一天丈夫提议到地窖去拿酒来对饮作乐,他打开酒坛子,嗅着芳香扑鼻的陈年老酒,哪知道一低头,看到坛里有一个年轻力壮的青年,不由怒气中生,上来大骂妻子说:"不要脸的女人,竟然背着我偷人,还把人藏在酒坛里。"

妻子受了不白之冤,气愤地跑到地窖,打开酒坛一看,妒火中烧,指着丈夫破口大骂:"没良心的东西,自己金屋藏娇,把女人装在酒坛里,还反过来冤枉我。"

两个人你一句、我一语,彼此正在谩骂不可开交时,他们所皈依的婆罗门师父恰巧经过,两夫妻赶快拉住师父为他们评评理,婆罗门师父走到酒坛前,打开一看,不由分说拿起拐杖打两人的头说:"不肖的徒弟,竟然瞒着我,再拜别的婆罗门为师父。"不等两夫妻辩白,气冲冲地拂袖而去。

两夫妻一看把师父气走了,互相搬出恶毒的语言,骂着对方。这时走来了一位托钵乞食的比丘,问明了原因,带着怒令智昏的夫妻俩,来到惹祸的酒坛之前,随手拿起一块大石头,对着酒坛用力投掷下去,只听"啷当"一声,男人、女人、婆罗门等一切假相,霎时均化为乌有。猜疑、误会使原本快乐的家园变成愁云密布的囚牢;唯有彼此信任、互相肯定,才能建造安住身心的快乐家园。

(四)没有人我的是非,只有和谐的眷属

我们的社会充满人我是非、恩怨利害,见不得别人有好处,放不下别人比自己强,互相攻讦、毁谤,彼此打击、诋毁对方。祥和安乐的家园是彼此尊重,互相礼让,一人有庆,与有荣焉,别人有成

就,能够随喜功德,赞叹欢喜。不管有缘无缘,都是一家人,和谐相处自然能美满幸福。

(五)没有怨敌的相残,只有互助的友爱

佛经上有一则六根会议的寓言,有一天,眼、耳、鼻、口一起向眉毛抗议,毫无用处的眉毛为什么高高在上,而各有所司的眼、耳、鼻、口却要屈居下面呢?眉毛被攻击得招架不住,只好知趣地跑到最下面。但是大家一看,眉毛在下面很古怪,不像个人,不得已请眉毛又回到原位,这时大家终于明白天生我材必有用,眉毛的无用乃真正的大用;觉悟到互助互爱才能共存,相残相杀只有灭亡。唇亡齿寒,忧戚与共,如兄如弟互相友爱的家园,才是我们身心所要安住的家园。

(六)没有生活的劳累,只有安乐的满足

在现实的生存世间里,我们要为糊口的三餐,如牛似马地劳苦疲累不已,一生为了日用所需,忙忙碌碌攒聚经营。身心安住的理想家园,不必为生活而奔波困扰,享受"一池荷叶衣无尽,数树松花食有余"的恬淡快乐。

(七)没有阶级的差别,只有大众的平等

我们的社会有秉赋上的贤愚智劣的先天不同,更有职位上贵贱轻重的人为差异。不合理的制度,制造了人间许多的矛盾、冲突,形成不平等的阶级歧视,譬如中国过去的帝王封建社会、印度的四种姓制度。从过去到现在,社会的第一太少了,绝对的权威只能有一个,而佛门有许多的第一。净土宗的弟子们说:"十方三世

佛,阿弥陀第一。"阿弥陀固然是第一,十方三世任何一佛也是第一,因为一佛即一切佛,一切佛即一佛。佛佛固然道同不二,众生与佛也是平等无别,在佛教看来,任何一个众生都是具足佛性,无比尊贵,何来阶级的差别呢?

(八) 没有政治的迫害,只有德化的和平

娑婆世界里,由于立场的不同、利害的冲突,而不能免除政治上的迫害,尤其遇上暴君专权掌政,人民所受的痛苦更是深重。身心安住的理想家园,有的只是道德的感化,而不是权术的控制;过的是和平自主的生活,而不是恐惧躲藏的苦难。快乐家园的政治生活,是转轮圣王德化的理想政治,不是专横逼迫的权化政治。

四、身心永恒的归宿

极乐世界是我们幸福的国土,是身心永久的故乡;涅槃解脱是我们安乐的世界,是身心安住的家园;清净佛国是我们究竟的依止,是身心永恒归宿。但是极乐世界的往生,须要靠现世人生的千番历练、百般修行,才能达到不生不灭的境地。涅槃的证悟须要落实于生死苦海,去观照染净不二的实相,才能成就涅槃的解脱妙果。佛国的完成不在他方世界,也不在未来流光,而在当下人间净土的建立,现世人生的庄严。因此,我们目前所要努力的是净化我们的现世生活,使它成为美满、幸福、快乐、光明的归宿,能够如此,这个归宿必定是我们身心得以安住的家园。

1983 年 4 月 30 日讲于大甲

人生十问

佛教讲生命的流转是无始无终的,人既来世间生活,
就有生命,有生命就有生死。因为无常之故,
世界有成住坏空,自然有寒暑冷热,人类有生老病死,
山河大地及一切自然现象,都有变坏的一天。

人活在世间上,对于人生往往有许多不解的疑惑,尤其对于生、老、病、死、荣辱得失之不由人,常有种种的疑问。佛法对于人生的种种烦恼困惑,都提供了明确的解答。今以人生最常遇到的十个问题,来提供佛教对人生的看法。

一、如何处贫居富?

同样是人,为什么有的人很富有,有的人很贫穷?又如何来认定什么是贫穷?什么是富有呢?有的人高楼大厦,汽车空调,锦衣玉食,福禄双全;有的人一生劳碌奔波,工作所得极为菲薄,仅能供给一家数口勉强温饱。其原因何在?一言以蔽之,都是由于个人宿世善恶业所招感的果报。

其实就贫富而论,有钱的人,虽然衣食无虞,华盖重裘,但有时候为了人事的困扰,同样日夜不得安宁;没有钱的人,尽管日日难

过,依然日日过,无钱一样可以挺起胸膛,安心自在,此即所谓的"人穷志不穷"。可见人生的幸福快乐,贫与富并不是绝对的条件。佛教认为贫并不一定影响做人的尊严与人格的高尚。人生数十寒暑,如梦幻泡影,贫富苦乐都只是自己内心的体认。所以,有人粗茶淡饭不改其乐;有人富甲一方,仍然忧愁烦恼。深一层说,如果心里拥有三千大千世界,即使身无立锥之地,也可感受到最大的富足。

佛陀的生活,可以作为最确切的证明。佛陀春夏秋冬皆着一袭粪扫衣,也觉优游自得;披上名贵的金缕衣,也丝毫不感到骄傲。既可以粗茶淡饭,也可以美味佳肴;可以树下露宿,也可以安住于琼楼玉宇;可以自己独处山林,也可与四众弟子共住……可见佛陀对富贵贫贱、穷通得失、兴衰盛败、美丑善恶,并不系念于心,也不追逐世间的尘欲,只是随缘适应环境,这就是佛陀最大的富有。

近代的弘一大师,也认为世间没有一样东西使他觉得不好。破旧的手巾也好,咸苦的蔬菜也好,跑一整天的路也好,住在小茅屋也好,世界上什么都有味,什么都了不得。他寡欲知足,别人认为他如此贫穷,简直是在受苦,他却觉得一切都很好。有一次,弟子夏丏尊看到弘一大师吃萝卜咸菜的愉快情景,颇有所悟,夏先生说:"萝卜咸菜的真滋味,大概要像弘一大师这样的人,才能如实地品尝到。"

例如:一个有钱人住在高楼大厦,里面有种种最现代化的高级设备,生活真是富裕豪华。他家邻近有一间破旧小房子,住着一对贫穷夫妇,这对夫妇虽然生活不富裕,但是夫唱妇随,生活相当愉快。可是住在大厦里的有钱人家,总是要为公司虚伪的交际应酬感到困扰，为声势名利的维护感到不乐，心里就觉得纳闷："我这么有钱，为什么那么烦恼，隔邻住破房子的人家，不是歌唱，就是谈笑，为什么他们那样快乐？"

有人告诉他："你要卖苦恼吗？只须拿出20万元送给他们，他们马上就会苦恼。"

对有钱的人而言，20万元实在算不了什么，于是就慷慨送给了贫穷的夫妻。这对夫妇凭空得到20万元，最初欢喜得不得了。但是到了晚上却烦恼钱要放到哪里呢？抽屉吧，不保险！床底下嘛，也不太安全！枕头下面……左思右想，一夜睡不着觉。过了几天，他们又为了20万元该如何利用而吵嘴，夫妻几乎因此而破坏了多年的感情，后来一反省，才彻悟钱使他们苦恼，终于又把钱还给原来的主人。

这个寓言告诉我们：名利有时也会为人增添烦恼和危险。从前，孔子的弟子颜回"一箪食，一瓢饮，居陋巷，人不堪其忧，回也不改其乐"；佛陀的弟子大迦叶，在坟墓间修行也觉得泰然自得；我国古代诗人陶渊明"采菊东篱下，悠然见南山"等等，这些都说明贫富不能以有没有钱来衡量。人可以穷，但是内心不能穷。心里的能源是取之不尽、用之不竭的，重要的是，肯不肯去开采它；如果肯开采心里的能源，才是真正的富者。

二、如何处理得失？

当自己与别人见解上有冲突，彼此不能和谐相处时，我们就不快乐。我们的职务一往上高升，马上欣然色喜；万一利益被人夺去，就懊恼伤心。由于种种不能解决的问题，使我们生活在患得患失之中。俗语说:"得之不喜,失之不忧。"但能彻悟这句话又谈何容易呢?

禅宗六祖曾说:"无一法可得,方能建立万法。"我们几十年的人生,所谓荣华富贵,功名利禄,不正如同三更梦、九月霜吗?得,我们得到了什么?失,我们又失去了什么?有人常慨叹:"人生两手空空而来,又两手空空而去。"我们从娘胎中带来什么?死了又失去什么?这个人生不是空忙了一阵吗?不过,我们仍然可以"得"。

《般若心经》说:"无眼耳鼻舌身意,无色声香味触法,无眼界乃至无意识界,无无明亦无无明尽……"一直无到最后,因为"无所得故",可以"菩提萨埵"。这说明了我们过去的人生,都是从有形有相,人我是非上去求,并不是真的"得",所谓"菩提不可以身得,不可以心得,灭诸相故"。在"有"上才有得失,在"无"上就没有得失了。对于得失问题的处理,应该从这方面去体会、去解决。

懂得"无"的哲学以后,会有什么境界?例如我们的钱被人骗了,觉得很懊恼,但是懂得"无"的哲学以后,知道未曾有一法不是从因缘生,所有的事物都是缘起性空的,钱被人骗走了,也许是前生欠他的债,当作是还债吧!能这样想,就不会有患得患失的心理了。

又如你本来很有名望、地位,突然有一天被别人诽谤、诋毁,名位毁于一旦。这时候可以这么想:"无官一身轻",从荣华归于平淡。那么,名望、地位也就没有什么放不下了,这就是"无"的哲学之应用。能够这样看破,即便是老病来临也可以无挂无碍。所以,"无"乃包罗万象,不是没有而是神奇。

我小时候就喜欢听出家人唱梵呗，后来出家，因为自己喉咙不好，不会唱。但一个出家人唱诵是很重要的，许多同参因为唱诵好，而赢得师父们的赞美，甚至受信徒的推崇。而我因喉咙不好，当沙弥时，常常被别人歧视。

后来我心想：我口不行，手还可以派上一点用场，应该好好用我的双手来从事写作的工作。如果能在文化工作上有点贡献，将成果奉献给三宝和一切众生，不也合乎佛教的精神吗？于是我用手写。当初我写文章、出版书，存了一些钱买了地，也因此才有今天的佛光山。

所以，世界上没有绝对的"不好"，我们在某一边失去了，不必完全绝望，或许在另一边能有所得。重要的是应知道如何认识自己，运用自己。

三、如何忏除罪业？

人非圣贤，孰能无过？有过并不是很严重的事情，重要的是要知道悔改。佛法说："放下屠刀，立地成佛。"有了过失以后，应该知道忏悔，这样才能及时消除自己的罪业。

譬如衣服脏了，用水洗净后可以再穿；身体几天没洗澡，垢秽沾在身上很难过，洗过澡后就清凉了。现在，我们心里被罪业盘踞了，该怎么办？如同孩子做错事，到父母面前认错一样，明理的父母一定会原谅他，给他改过自新的机会。因此，佛教讲求的是：有罪过，必须早日忏悔，因为忏悔可以灭罪。

有人说罪业是由于环境的诱惑、知识的薄弱、伦理的缺乏、生活的逼迫等因素所造成的。佛法则说罪业是由无始贪瞋痴而来的,而贪瞋痴是从我们身语意产生的。在现代文明社会里,人们生活在鸟笼式的公寓,抬头不见天日,四望不见原野,心胸越来越狭,眼光越来越小,人事的交往日趋频繁,人与人之间的冲突,也愈来愈可能发生,整个社会呈现一片紧张、竞争、角逐、明争暗斗的现象,使得心理得不到恬静和谐的快乐。所以,社会上杀、盗、淫、妄、恶口、挑拨离间等事件层出不穷。那么,我们应该如何来消除这些罪恶呢?

佛经说:人不可能没有过失,举凡起念动心都在造业。有了过失怎么办?

第一、应该坦白发露罪业,不复再做。不能只是心中知道错,不肯讲出来,这样是不彻底的,必须在佛前表白或在善知识、大众面前承认自己的过失,经过一番真诚痛切的忏悔,接受应得的良心处罚以后,就能回复本性的清净。

第二、要信愿佛力的摄受加持,激发自己内心的清净,使之不再重犯过失。譬如《观世音菩萨普门品》说的:"设复有人,若有罪,若无罪,杻械枷锁检系其身,称念观世音菩萨名者,皆悉断坏,即得解脱。"这说明了菩萨慈悯摄受众生时,为消除众生罪业所作的方便。

譬如一块田地,久不施肥(不念佛),禾苗就不能生长,如果经常灌溉施肥,禾苗成长后,野草(烦恼)也就不起作用。因此,功德信心大的人,即使过去有一点罪业,也可以暂时不受现报。深心信仰佛菩萨,也必蒙护佑,而能前往永恒真实的解脱世界。

罪业是由我们身、口、意三业妄为造作的。不过更深一层去了解,罪业是空无自性的,心若忏悔也就无罪了。一念觉悟,罪业就变成无常。佛经上说：

　　罪从心起将心忏，心若灭时罪亦亡；

　　心灭罪亡两俱空，是则名为真忏悔。

我们如何获得忏悔的新生？如何转地狱成天堂，转烦恼为菩提，转污秽成清净，转娑婆为极乐？端看自己如何把心上的妄念驱除，能否坦诚地忏悔。忏悔之后，还要发愿，可以学习古圣先贤的精神，发四弘誓愿：

　　众生无边誓愿度，烦恼无尽誓愿断，

　　法门无量誓愿学，佛道无上誓愿成。

四弘誓愿是大乘菩萨精神的具体表现，不仅可借此消除罪业，也是踏上菩提大道，成佛成圣的最大力量。

四、如何消除烦恼？

人生在世，烦恼的事情很多，譬如身体上有老病死的烦恼，心理上有贪瞋痴的烦恼，有诗云："天堂地狱有时尽，烦恼绵绵无尽期。"我们的烦恼犹如大海的深广、树林的茂密，起惑造业，流转生死，皆由烦恼所致。

无穷无尽的烦恼，细思之，不外是一个"我"字所造成。由于我执、我爱、我见等等所引起的邪知邪见，让我们产生数不尽的烦恼。所以，我们学道，首先必须学习如何克服这些烦恼。一切烦恼的主要根源就是贪瞋痴，所谓"擒贼先擒王"，要破除烦恼，就得先把贪瞋痴这三毒去掉。

王阳明曾说："破山中贼易，破心中贼难。"山里的土匪盗贼容易捉，我们心上的贪瞋痴三种大病却不容易去除。佛经说："勤修戒定慧,息灭贪瞋痴。"因为我们生活上有种习气,利人的事往往不肯做,但是如用"戒"的力量,就会想到宁可牺牲自己的嗜好,也不去侵犯别人,因此,戒可以对治贪病。又譬如我们内心种种需求,对现实生活的猜忌怨懑,就要用"定"的功夫,使我们心境保持不偏不倚,纯正灵明,才能远离烦恼缠缚。

再说到痴,就要用"智"来对治,佛教的智并不是世俗的知识,因为知识并不全是善的。内心的般若智不能开显,做事不合佛法,一切只依感情与自私的世俗常识而行动,叫做痴。佛教的智是由闻思修而来的,是一种观照实相的中道方法,依着这方法,才可以灭除贪瞋痴等无明大病。

人类的感官——眼、耳、鼻、舌、身,每天总是不断地向外攀缘,对于外在的世界虚妄分别,而产生许多烦恼。如果我们能够一切返求自心,不让此心随境而转,则不当看的不看,不当听的不听,不当说的不说。就如孔子说的:"非礼勿视,非礼勿听,非礼勿言,非礼勿动。"就可以驱除内心被贪瞋痴所覆盖的烦恼结使。

我的外祖母,是个虔诚的佛教徒,从17岁起就吃斋念佛。她为人非常慈祥,有三个儿子,可是我这三位舅父所生下的儿女,大约都在三四岁就死了。但是我的外祖母从来不为这些事情难过。难道说她没有感情吗?不疼爱孙子吗?当然不是!这是因为她学佛,知道人生在世,有生就有死,有业就有报,谁也奈何不得。孙子的生,只是因缘和合投胎到此家来;他的死,是业报的现前,还了他的感情债而已。人的寿命本来就长短不一,孩子现在不离开我们,将来仍然要离开的。如果孙子们有善因,自有他的福报,又何必为他烦恼悲伤呢?所以学佛的人,对于生与死的看法,与一般人士不同,而且忧伤啼哭,对于死者也没有什么好处。

五、如何安排生活？

我们常听到人说:"真忙！忙得不可开交。""一事未了一事又来!"无论怎样的忙,重要的是,不要因为忙碌而忘了自己的存在。有人说,忙是福气,忙的日子比较好过。不过,忙也要忙得有意义,有些人太为自己忙,不知道为别人忙；也有一些人,爱为别人忙,却忘记为自己忙。

我主张人生一定要忙,分配一些时间为生活忙,一些时间为精神忙;一些为自己忙,一些为别人忙；甚至不只是为现在忙,也要为未来忙。也就是说,精力的发挥,不应该偏于物质,也不能偏于精神,能够精神物质平衡,忙起来会更有意义。

我常常鼓励人们,在年轻力壮的时候,要养成读书的习惯,到了老年,就可以借书本陪伴自己。另外,也可以学习"人闲心要忙"。

六、如何安身立命？

我们人生应该要有个未来,未来就是希望。俗语说:"人生不满百,常怀千岁忧。""人无远虑,必有近忧。"因此,一个人如果没有未来,活着就没有意义。相信每一个人都希望未来能够长命百寿。张岳军先生曾说:"人生七十才开始。"主要在启示我们,人生不在乎年龄的多少,而在于我们对于未来是否抱持希望。这个希望,不只是对自己,也是针对众生的,这就是"愿力无穷",就像普贤菩萨的十个大愿:

一者礼敬诸佛,二者称赞如来,三者广修供养,四者忏悔业障,五者随喜功德,六者请转法轮,七者请佛住世,八者常随佛学,九者恒顺众生,十者普皆回向。

发这种大愿的用意,可以为来生广植善因。也可以让今生生活在圣洁、宁静与慈祥的世界里。俗语说:"在家靠父母,出门靠朋友。"但身体有病时谁来替你受苦?靠神明吗?神明也靠不住,因为神明连自己都靠不住,有朝一日,五衰相现,它也会堕落的。所以,佛陀启示我们不要让神明、相命、卜卦、风水等来操纵我们一生的穷通祸福。

那么,什么才是可以依靠的?在佛法里,最靠得住的是三宝。三宝才是值得信赖的对象,皈依三宝,才是寻找依靠最好的方法。

皈依佛:佛是人间真理的体会者,他宣扬真理之光,引导我们走向光明,如同天上的太阳、月亮,可以使迷途者寻获正道。

皈依法:法是不变的规律,可以规范我们日常生活的德行。依之而行,可以有正确的认识;躬行实践,可以到达彼岸,好比火车的轨道,依之而行便可到达目的地。

皈依僧:僧是奉行佛法求解脱者,相当于老师,可以做我们的善知识。他虽然还没有断烦恼、证实性,但他能透过佛法的真理,教导大家不断地学习;亲近他,可以使我们身心净化,性灵提升。所以说,佛如良医,法如药方,僧伽如护病者,引导我们离邪向善,转迷成悟。

《成佛之道》说:"皈依处处求,求之遍十方;究竟皈依处,三宝最吉祥。"佛陀也教诫阿难:"自依止,法依止,莫异依止。"说明了皈依的真正意义。可见真正的皈依,是要皈向自己的自心、自性。因为自己有佛性,自己能成佛,自己身心的当体,就是正法,自己依法修持，自身就能与三宝为一体。

面对无常的世界，可以作为依靠的只有三宝。我们的感情可以不要，金钱可以减少，功名富贵可以失去，但是三宝不能不要；尽管世界毁灭了，三宝仍然不会离开我们，三宝永远都是我们的伴侣。

七、如何放下眷属？

《涅槃经》云："夫盛者必衰，合会者别离。"《成佛之道》亦云："合会要当离，有生无不死。"人生在世，或是父母儿女，或是夫妇的会合，恩爱亲情，互相扶助，洋溢着家庭的温暖。但是，亲爱的眷属变成冤家，夫妻反目、兄弟阋墙，在今日社会上乃是屡见不鲜之事。何况，一旦生离死别到来，抛下父母，丢弃妻儿，孤苦凄惶地各奔前程，谁还能顾得了谁呢？所谓"夫妻本是同林鸟，大限来时各自飞"。

因此，一个学佛的人，对于眷属要能放得下。有些老年人，不堪晚年的寂寞，常要子女或孙儿陪侍膝前。如果亲人眷属各忙事业，无暇榻前侍候，则孤寂难耐，度日如年，伤心绝望，甚或责怪儿孙不孝。

人生如此，斯有何乐？所以每一个人应该能独立自主，亲情来时受得起，恩爱别时放得下。平时也应广结人缘，虽然儿女眷属不能时常侍候左右，还有更多的亲戚朋友可以结伴往来。对于外境，也不必有所寄望，养成独立自主的习惯，自然不会有患得患失的痛苦。

《杂譬喻经》有一段记载：有一妇人，只生一个孩子，平日对他宠爱有加，并视其为终身依靠、寄托的对象。有一天，独子忽然生病死了,妇人抚尸痛哭,悲不自禁。佛陀怜悯她的哀情,告诉她一个让孩子复活的秘方。

佛陀说:"只要到没有死过人的家里,索取一把吉祥草,就可以让你的孩子复活。"

于是妇人沿家拜访,见人就问:"府上曾经死过人吗?"

如此经过数十家,没有一家没死过人,妇人得不到吉祥草,怅然地回到佛陀跟前,佛陀开示道:"自有人类以来,有生必有死,生死乃自然之理!"妇人豁然而悟,终于放下她的悲痛。一个人对于亲情要能放得下,不能随侍左右也罢,生离死别也罢,有合必有分,有生必有死;能看破放下,就不会为情所苦。

八、如何施舍财富?

有些人以为金钱第一,有了钱什么都行得通,甚至说:"有钱能使鬼推磨。"其实,不论财物富有到什么程度,终归要销毁散失,非个人所能自主的。

佛陀曾说:"财物为五家所共有。"所谓"五家",即大水、大火、盗贼、贪官污吏以及不肖的儿女。即使你拥有再多的财物,遇到一场大火,可以把你的家当焚烧成灰;遇到大水,可以流失净尽;盗贼、贪官污吏都会抢走你的财产;亲如儿女,不肖奢侈,也会把家财挥霍殆尽。所以说财物为"五家"所共有,人是无法主宰自己的财物的。

俗话说:"身外财物,生不带来,死不带去。"一个人空手来到这个世间,最后也将空手远离而去,纵有万贯财富,也丝毫带不走。

宋朝王黼党同蔡京、梁师成、李彦、朱勔、童贯等谄事宋徽宗。

这些群小弄权，贪赃枉法，幸致高位，当时人称为"六贼"。在他当政时，生活腐化，锦衣玉食，穷奢极侈。他曾监制一张象牙床，遍镶珠宝，夜间闪闪生光；仰卧其上，周遭排满小床，选择最美的姬妾十余人每夜围着他睡觉，自己称作"拥帐"。

后来王黼擅自主张和金邦开启战端，不幸失败。皇帝本来降旨将他充军，已经起解走到辅固村，在道旁一个小饭店休息。忽然有数十名骑兵从后面赶来，认明王黼正身，宣读皇帝赐死的圣旨。

王黼听完圣旨，神色大变。过一会儿，他平静地说："王黼一生行事，虽万死也不足蔽其辜。不过请校尉转奏圣上，我死后有一要求：请赐我一具有窗户的棺材，入殓时，两手能够伸出棺外，并把五指摊开，不要屈拳。"

"为什么？"校尉奇怪地问。

"让世间人知道，我那些财产，一点儿也未能带到阴间去。"王黼缓慢地回答。

多少人生前节衣缩食，克勤克俭，分毫不肯浪费，终其一生，余下一大笔家产，或放高利贷，或私自保管，一旦临命终时，来不及处理财物，或被充公，或被吞没，枉费自己一生辛劳，终无所得。有些人则拼死拼活，赚钱置产，给子女留下一笔庞大的遗产。可是当他死后，子女或为分财动武，或吃喝嫖赌，挥霍殆尽，丝毫没有体谅父母生前的劳苦。

因此，司马温公说："积金以遗子孙，子孙未必守；积书以遗子孙，子孙未必读；不如积阴德于冥冥之间，为子孙长久之计。"意思是说：留给子女最好的财产，不是金银财宝，也不是洋房汽车，而是道德学问与技能修养。所以钱财是身外之物，不能拥为己有，也不必为儿孙徒作马牛。那么,财物应如何处理呢?

佛法说:"万般带不去,唯有业随身。"财物不能带走分文,业力却丝毫不爽。因此,我们可以利用财物多行布施,广结善缘,修路造桥,救济贫困,或捐献慈善机构,或设置奖助学金,"取之于十方,用之于十方",竭尽物用,则所得功德,或能得生善处,或能荫庇子孙,何乐而不为?

九、如何面对老病?

人不一定老了才会有病,年轻人也不一定没有病,"黄泉路上无老少,孤坟多是少年人"。生病是不分老少的。不过一般而言,老年人生病是比较让人担心的,到底老年人有病时该怎么办?

1. 从心不苦做到身不苦:有的人心力较弱,被打一下,就大呼小叫;假如心力强,就是刺骨出髓,眉头都不皱一下。所以说,有病没有关系,生理上有病时,心理上要健康,不要被生理上的病拖垮了自己的生命力。

2. 从药物治疗做到心理治疗:老年人生病了,喜欢看医生,其实大部分的医生,看老年人的病,往往只给他们吃一些安慰性的药。既然只是安慰性的医药,又何必看医生?找自己不是更好吗?每一个人都可以做自己的医生。当身体感觉到不舒服时,要训练自己坚强起来,体会病性本空的道理,淡然处之。能够这样,病就已经好了一半。

3. 从看破放下做到安然自在:出家人所穿的僧鞋,脚面上有六个洞,这是要我们低下头来,要能"看得破",不必太执着。人生要像手提箱一样,要提得起,放得下,面对疾病要做到安然自在,才能对付疾病。

我20多岁时,心里充满为教为众的抱负,但是两只腿忽然患了风湿病,不能走路,躺在床上稍微动一下,都觉得痛。忍耐了很久,后来去看医生,医生说:"你的腿没办法医了,这风湿病已经很严重,必须把腿锯断。"

当时,我并没有为自己可能残废而烦恼,我想:"腿子害风湿病要锯断,也没关系。我的生活原本南北奔波劳碌,如果没有了腿,反而可以安闲自在,在寺院里写写文章,看看经书。那时候,我的时间会更多,我的心灵会更广,我的人生会更有价值。"我并不在乎人家对我的讥讽与嘲弄,因此是否残废对于我也就不是烦恼的问题。这是我对疾病的态度。

像美国的海伦·凯勒,她是又哑、又聋、又瞎的残疾人,但是她却是我们这个时代的伟人之一。所以说,老病并不可怕,最可怕的是心理上的不健全。人老不要紧,重要的是心理的永远健康与不老。

十、如何了生脱死?

到底"生从何处来,死归何处去?"对于这个问题,一般人不但不了解,而且不重视生命,只知道求生活。知识水平较高的人,除了生活,还知道有生命,但是仍然不重视生命,对死仍是茫然无知的。有人说:"人是在无可选择的情况下接受了生命,然后在无可奈何的条件下度过生命,最后在无可抗拒的挣扎之下交还了生命。"连孔子尚且说:"未知生,焉知死?"何况是一般人?

历史上的许多英雄豪杰,对人生的意义大都不了悟,如曹操说："对酒当歌，人生几何？譬如朝露，去日苦多。"把人生看成槁木死灰，与万物同朽。古人云："齐生齐死，齐贤齐愚，齐贵齐贱；十年亦死，百年亦死，仁圣亦死，凶恶亦死；生则尧舜，死则腐骨；生则桀纣，死则腐骨；腐骨一矣，孰知其异？"对于生命的所以然，古今人士大都所知不多。

佛教讲生命的流转是无始无终的，人既来世间生活，就有生命，有生命就有生死。因为无常之故，世界有成住坏空，自然有寒暑冷热，人类有生老病死，山河大地及一切自然现象，都有变坏的一天。佛经上说："须弥虽高广，终归于消灭；大海虽渊旷，时至还枯竭；日月虽明朗，不久则西没；大地虽坚固，能负荷一切；劫尽业火燃，亦复归无常。"

这说明佛陀所看到的生命是无常变灭、无穷无尽的，如同江河之水滚滚不断，是刹那不停地变化着。旧的灭去，新的又来。我们必须了知人生与万有诸法互相为缘，互相生成。透悟了这个道理，才能与佛法结合在一起，对于生死也就不觉得可怕，因为生死就像世俗的搬家一样，只不过换了一个躯壳而已。

汐止肉身不坏的慈航菩萨，他有一个徒弟法名律航，因念佛念得太恳切，也希望师父能每天念阿弥陀佛，以往生极乐世界。慈航法师被他说得没有办法，只好说："念佛往生，好，去！"马上坐着就往生了。在旁的徒众一看，大惊失色，大家都怪律航法师："师父被你逼死了。"众人吵吵闹闹地经过了半个小时，慈航法师一息悠悠又醒来了。这时，他说了下面这些话："修行各宗各派，各人自由；信仰诸佛世界，各人自由。"

佛法提供给众生的"解脱之道"，主旨在使人们有一合理的安排。譬如今天要出门,就得预备今天要住在哪里,万一下雨,怎么办?所以说修行的人,对于"死"是胸有成竹,无忧无惧的。

佛教的万千法门,主要是为众生解决各种烦恼及生死问题。佛经中提出很多解决问题的方法,不过,如《华严经》所云:"如人数他宝,自无半钱分;于法不修行,多闻亦如是。"用与不用,印心与不印心,端看各人了。

1977年7月讲于佛光山老年夏令营

如何美化人生

美化人生,不只是美化我们的环境、我们的面容、我们的仪表、我们的社会,美化我们的语言、思想,更重要的是美化我们的"心地"。

现代人很讲究美化——环境要美化、面孔要美化、社会要美化。其实,美化人生,不只是美化我们的环境、我们的面容、我们的仪表、我们的社会,美化我们的语言、思想,更重要的是美化我们的"心地"。要如何美化我们的心地,美化我们的人生呢?

一、用平等心来美化人生

在《五灯会元》里,瑞岩智才禅师以"无有高下"为平等。平等道理虽然简单,世上却有许多不平等。例如贫富不平等、智愚不平等、种族不平等、男女不平等。佛教是主张平等的,外表虽有贫富、智愚、种族、男女种种差异,在本性上都是平等的。如男人可以出家,可以成佛,女人也可以出家、成佛。如《法华经》中的8岁龙女转女成男。又如妙慧童女,其大智慧也令文殊菩萨依她为师。

从种族上说,各民族外表虽有不同,在本性上却是平等的。在印度,种族分婆罗门、刹帝力、吠舍、首陀罗四个阶级,各有不平等的待遇。佛陀主张"四姓出家,同为释种",以平等心施教,虽有河流溪水之别,但是流入大海也是同一咸味。

世间虽然有贫富之别,但是富而无德,不如有德之贫者,一个人的人格不是用贫富来区分的,男女、老少、贫富、种族,在人格的尊严上是一样的,本性上都是平等的。若能做到男女平等、种族平等、人我平等、众生平等,此即所谓"心、佛、众生三无差别",也是《金刚经》中所说的:"众生平等无有分别"。我们可以看看"天",天很平等,所以它可以覆盖大地;"地"也很平等,所以地能普载一切众生,长养万物;日月星辰很平等,所以四时轮转不息。自由、平等、博爱是上天赋予人类的特权,所以我们要尊重别人,要用平等心待人,所谓"敬人者人恒敬之,爱人者人恒爱之"。孙中山先生所以要革命,推翻清廷,主要在唤起全国的人士,以"平等"来对待每一个人。佛陀所以放弃王位,出家学道,也是要打破种性阶级,提倡一切众生平等。

今天的社会,有很多人呐喊着"平等"的口号,实际所作所为,往往不合乎平等真义。

有一则寓言说:有一只猫正在捕老鼠,老鼠非常苦恼,便向猫抗议说:"大家都同样有生命,为什么你要以强欺弱,这太不公平了!"

猫对老鼠说:"你既然要讲平等,那我为你解释平等。你吃了我吧!"

老鼠说:"我怎能吃你呢?"

猫便说:"既然你吃不了我,为什么说不平等呢?"

所以老鼠就做了所谓"平等"下的牺牲者。一般所讲的平等，往往是诈骗式的平等，或者假平等。唯有佛教是从自性上、人格上，追求真正的平等。

佛经里也有一则故事：有一条蛇，蛇头一向走在前面，有一天蛇尾说：

"我们能够一直向前走，完全是我蛇尾在后面摆动着，如果我不摆动，怎能向前走呢？应该让我在前面才对！"

蛇头说："一向都是我走在前面呀！"

蛇尾不服气，把自己捆在树上，蛇头无法动身，过了许久，肚子饿得受不了，只好答应蛇尾走在前面。由于蛇尾没有眼睛，搞不清楚方向，便掉下悬崖摔死了。

所以平等不是盲目的、任性的，平等是理性的，是"适得其用"，是"分工合作"。蛇头蛇尾是相互为用，如同我们的六根，眼睛用来看，耳朵用来听，鼻子用来闻，这便是适得其用，分工合作。如果硬要用耳朵来看，用眼睛来听，便分辨不出美与丑、香与臭了。

有一栋房子失火了，这栋房子住了许多残疾人，大家赶紧逃命，跛子让瞎子背着，瞎子就给聋子牵着，相互依靠逃离火坑。如果大家各自逃命，说不定会全体葬身火海呢！

懂得因缘，便懂得平等，真正的平等是自性上的平等，因为世上没有一法可以独自存在，一切都是假因缘和合而成，既是众缘和合，就应当相互尊重，这才是真正的平等。

人必须过群体的生活，不能排挤他人，也不要嫌弃任何一个人，用平等心待人，也不和他人比较，俗语说："人比人气死人。"有了黄金美眷、洋房汽车，不一定比贫穷的人幸福快乐。若能以平等心做人处事,不自暴自弃,不怨天尤人,自然能知足常乐。

"舜何人也?禹何人也?有为者亦若是。"天下没有天生的释迦牟尼,也没有天生的弥勒。我们虽然是凡夫,也一样能成佛,诸佛菩萨是已觉悟的人,我们是未觉悟的佛,能够知道心佛众生三无差别,自尊自重的心也就自然生起。如果我们能用平等心来看这个社会,那么四海之内皆是兄弟。所以平等心不但能美化自己,也能美化群众,美化世间的一切。

二、用忍耐心来美化人生

忍耐是很重要的修行。经典说:"诸修行中以忍耐最为第一。"如果不能忍耐,纵有一些修行、功德,也不能成就。所以,一切修行功德中以忍耐最为第一。说到忍耐,要能忍耐贫穷、忍耐困难、忍耐痛苦。有时候受人的气,能忍一口气,便能避免是非争吵,即使受人诽谤、轻视、误会,也得忍受下来。俗语说:"忍一时风平浪静,退一步海阔天空。"

人往往对喜欢的人、喜欢的境界容易生起贪着心,对不喜欢的人,不喜欢的境则生起瞋恨心。如果我们对贪着心,能忍耐不执取,就不会有患得患失的苦恼。对于违逆的境界和人事,能忍一时之气,不起瞋恨心,便不怕侮辱甚至灾害降临到我们身上。能忍一口气,便增加了一份力量。

有权力不能压服人,会骂人的人不见得有力量。强权、武力更不能平服人的反抗心,中国秦始皇、德国希特勒都是名证。只有忍耐的力量最大,如西汉时的韩信,他能忍胯下之辱,最后终能成就大功业。

《佛遗教经》说:"若其不能欢喜忍受恶骂之毒如饮甘露者,不名入道智慧人也。""忍",从字面上看,心上一把刀,一把刀插在心上而能面不改色,那是需要很大的耐力,或许忍受的当时很痛苦,但往往能得到意外的结果。忍的美德常是持戒者所不能及,能行"忍"者乃名之为有大力的人。

"忍"必须身体力行,才能体会出它的妙处。在语言上能少说几句话,把气忍下来,不要只为了一句话争得面红耳赤;即使争赢了又能得到什么呢?

唐朝有位很有修行的人叫娄师德,有人把口水吐在他的脸上,他心想:"少说几句,自认倒霉,把脸上的唾液擦干算了。"他脸上虽然没有不悦之色,可是心里还是有点气。

有一次他的弟弟将被调到别处去做官,娄师德担心他的脾气不好,弟弟说:"你放心!我不会闹事的。我会学习你,如果有人把口水吐在我脸上,我不会和他计较,把口水擦干就好了。"娄师德一听,若有所悟:"别人就是气你,不高兴你,才把口水吐在你的脸上,你又把它擦了,他不是更恨你吗?应该不理它,让口水自然干,这才是到达忍耐的上乘功夫。"

布袋和尚有一首诗说:"有人骂老拙,老拙只说好;有人打老拙,老拙自睡倒;有人唾老拙,由它自干了;你也省力气,我也少烦恼。"这就是自然的、没有瞋恨心的忍耐功夫。

明朝的夏元吉也是个很能忍耐的人,他平时给人莫测高深的感觉,如果同事有好的意见,他必采纳,有善事他就学习;如果同事做错事,他就疏导安抚他们。因此有人问夏元吉:"你的度量是怎样学来的?"夏元吉说:"有人冒犯我的时候,我便告诉自己:我不可以生气。先从忍之于口,忍之于脸,最后忍之于心,久而久之自然就无不可忍之事了。"

一代高僧玄奘大师,能到印度求法,能经过八百里流沙,克服种种困难,在于他"宁向西方一步死,不向东土一步生"的愿力,而能有这么大的抱负、愿心和毅力,难道不是因为具有忍耐力吗?唐朝鉴真和尚为了到日本传戒法,历经 12 年,经过 6 次的艰难与挫折,最后到达日本时,双目已失明,虽然他肉体受损,但是完成了毕生的愿望,戒法也因此东传。他这种为法忘躯的精神也就是从"忍耐"中培养出来的。

达摩祖师在嵩山少林寺面壁,一坐就是 9 年,如果没有足够的耐力,禅学又怎能传来中国而发扬光大?六祖惠能屈守于猎人群中,等待因缘成熟而大振宗风,如果不能忍一时之气,早就死于非命了,又怎能成为一代祖师呢?

在《杂宝藏经》中说明忍耐有五种利益:

1. 能忍耐就没有人能怨恨。
2. 能忍耐就能成就一切事业。
3. 能忍耐就能受众人爱敬。
4. 能忍耐就能有好名声。
5. 能忍耐就能善道。

当我们遇着不如意的事,碰到不如意的人,若能平心静气,自己反省,或许可以找出一条平顺的路;用生气来抵制,只有让事情更恶化。

三、用惭愧心来美化人生

惭愧心是道德之根本,在《阿含经》卷四十七中记载着:"世尊,比丘有二净法能获世间,所谓惭愧。假使世间无此二净法者,世间亦不知有父母、兄弟、姐妹、妻子、宗亲、师长、尊卑之序,颠倒浑乱,如畜生趣。""惭"是内自羞耻;"愧"是发露向人。我们应该常常反省自己,时时扪心自问,我们的做人处事,我们的起心动念,是不是对得起自己,对得起别人,对得起国家、社会、父母、亲朋好友。

《佛遗教经》亦说:"惭愧之服,于诸庄严最为第一。"惭愧心可以洗涤内心的罪恶,庄严自己的仪表。惭愧如同缨络,有了惭愧心好比缨络的庄严秀丽,使我们显得更加高贵。我们一生中难免会有缺憾、做错事。但是,不怕犯错,只怕不知羞耻、不知惭愧,能知惭愧羞耻,便有力量,便能坚强地重新做人。

惭愧有什么利益?

1. 惭愧能改过向上。
2. 惭愧能增加勇敢。
3. 惭愧能尊敬别人。
4. 惭愧能信仰佛法。
5. 惭愧能灭除罪业。
6. 惭愧能获得解脱。

惭愧必须发自内心,惭者修人,愧者修天。如佛经中所说:"有二法能救众生:一者、惭;二者、愧。惭者自不做恶,愧者不教他造。"

道家、儒家都很重视"惭愧",如孔子说"过则勿惮改"、"过而不改斯谓过矣"、"知耻近乎勇",所以,人孰能无过?知过能改,如同无过。曾国藩曾说:"贤与不肖有什么差别呢?当视改过的勇怯而别。"美国哲学家富兰克林说:"犯错的是人,悔过的是神,过而不改是魔。"所以惭愧心可以完成圣贤。

四、用感恩心来美化人生

《六度集经》里有一个天鹅慈孝的故事:有一只天鹅,孵出了三只小天鹅。那年正逢天旱,所有草木果实都枯萎了,天鹅无法找到食物,眼看着小天鹅饥饿痛苦,只好以自己腋下的肉来喂它的小天鹅。当小天鹅吃下这肉的时候,心里觉得奇怪,这肉的味道怎么和母亲的气味一样呢?难道是母亲用自己的肉来喂我们吗?越想越难过,三只小天鹅再也吃不下去了。母亲看到孩子不吃,心里更加难过。这件事情被天神知道了,于是天神赞叹说:"为母者,慈悲心,慈恩深,难言喻;惟子孝,世希有,诸佛诫,孝当先。"

我们能在社会生存,是依赖大众的力量,我们生活上所需的一切都取之于大众。谚语说:"滴水之恩,当涌泉相报。"时下的青年,奢侈浪费,常常怨天尤人,不满周遭的一切人与事。一般人也往往只想到自己,我的人格、我的尊严、我的需求、我的快乐、我的幸福;你要关心我、你要尊重我、你要安慰我、你要爱护我,完全是一种自私自利的想法,很少想到:我尊重对方、我能给予对方什么?

人生在世能有几年寿命?对国家能有多少的贡献?对社会有什么样的奉献?对父母亲又有什么样的报偿?所拥有的一切都是别人所给予,所帮助,难道还不满足,还要埋怨、不满吗?

我们看那小狗,喂它东西吃,它会摇尾巴,会替我们看门;养了一只猫,弄饭给它吃,它也会高兴地"咪咪"叫,连畜生都有感恩之情,更何况我们人呢?所以要美化人生,如果人人都有感恩的心,这不就是一个美化的人生了吗？所以，如何美化人生呢？要以平等心美化人生、要以忍耐心美化人生、要以惭愧心美化人生、要以感恩心美化人生。

1989 年 8 月 28 日讲于高雄澄清寺

谈你说我

人生在世,解决痛苦的究竟之道,
就是把"你"当作"我",你我一体,
你我不二,将心比心,解衣推食。

在这人世间,人际关系是很重要的。你我彼此的交谊如果和谐,就会有安乐祥和的关系;如果你我的关系不调和,人际的交往不顺畅,就会生出许多苦恼忧烦。每一个人的生存情况,都依靠着你我彼此的合作;世间万事万物之所以多苦多忧多烦恼,便是发端于你、我之间的人际冲突,肇因于我们既不懂得如何善待"你",也不自知如何修持"我"的缘故。

从前有一位信徒热心学佛,跑去问禅师:"禅师,什么是'佛'?"

禅师笑着看他:"这个问题即使告诉你,恐怕你也不相信。"

信徒恭敬地说:"禅师的话我一定听,怎么敢不相信呢?"

"既然如此,那我就告诉你吧!"禅师伸出手一指:"你,就是佛!"

"我只是一介凡夫,哪里敢自居是佛呢!"

"所以我说你不会相信呀!"禅师继续说:"因为你有一个'我'

的观念作梗,有了我执而不能超越,不知道自己即是佛。"

信徒似懂非懂,又问:"我有'我'的缘故,不自知是佛,那么,请问禅师,你呢?你是不是佛?"

禅师淡然而笑:"何必执着这么多呢?有'我'已经不是佛了,再加上有一个'你',那就更不是佛了!"

我们在学佛的过程中,会觉得有各种迷惑,是因为有"你、我"的分别对待观念,对"你、我"不能认识清楚,难免产生无明而造作千般罪业,连带的,对佛法也就如雾里看花、水中捞月一般,见不真切了。以下分别从社会、时空、佛经、究竟四个方面来解说你我的关系。

一、从社会方面谈你我的关系

先从"你我争斗的开始"来探讨"你我计较的原因"。

佛经里有一个六根会议的譬喻,最能说明这种因果关系:

人的面孔上,眉毛最高,依次是眼睛、鼻子,最低的是嘴巴。有一天,它们四者聚在一起开会,眼睛首先发难:"我是人的灵魂之窗,你们有谁比我重要?如果不是我洞观万事、烛照万物,你们怎么能见出形形色色?靠了我的视察,你们才知道走路;没有我,你们就寸步难行了。像我这么有用的眼睛却屈居于没有用的眉毛下面,我真是不服气!"

眼睛刚说完,鼻子便立刻抢着说:"我这鼻子应该是最重要的!你们想想:不但闻香闻臭要靠我,呼吸也要靠我,我如果一口气不顺,你们还有什么用?像我这么有用的鼻子却也长在眉毛下面,让眉毛高高在上,我才真不服气呢!"

鼻子说完了,嘴巴也鼓起如簧之舌发言抱怨道:"人的身体上,最有用的应该是我这张嘴才对!靠了我说话,你们才知道什么是什么;靠了我张口吃饭,你们才能生存下去。像我这么有用的嘴,却长在脸的最下面,反而是毫无用处的眉毛高踞上方,我实在太不服气了!"

这样你一言我一语、你一枪我一箭的纷纷指责,令眉毛十分为难,等大家说完了,眉毛说道:"我知道我没有你们有用,不够资格在你们上面,现在我愿意到你们的下面去。"

于是眉毛跑到眼睛下面一站。眼睛一看,吃了一惊:"怪了,有点不对劲,这样不像个人了。"

眉毛只好再落到鼻子下面,大家一看,也不像个人,又把眉毛驱逐到嘴巴下面,再怎么看更不像个人了。这样你推我赶、你吵我闹地议论纷纷了很久,终于决定:还是让眉毛回到原来的上位才最妥当,最像个人。如此你高我低、你来我去了一番,徒然庸人自扰。

人也是一样:我们有时候就是不服气别人比我好、比我高、比我大,因此千方百计地和对方计较、争夺、斗法,能欺则欺,能胜过别人一寸就胜一寸,能赢别人一分就赢一分,终于造成了彼此的不和谐,甚至互有痛苦,不能离相去障。这种你我斗争的情形,连恩爱、亲密如夫妻都不能免呢。

如《百喻经》里有一则夫妻争饼的寓言:有一对夫妻为了争一块烧饼吃,你争我夺地僵持不下,丈夫心里想:"女人比较爱讲话,我不妨从这个弱点上去赢她。"于是提议以不讲话来决胜负,谁先讲话谁就输了,烧饼就让赢的人吃;太太同意了,夫妻两个人面对面坐着,中间摆着那块饼,彼此一句话都不说地对峙起来了。

不久来了一个小偷,窥见屋子里坐了泥塑木雕似的两个人,一动也不动,这个小偷不由得心里纳闷起来,不知个中玄机。可是一连几小时过去了,两个人还是不言不动,于是小偷大胆地一步一步走近太太的身边,东摸摸、西碰碰,找不到值钱的首饰,就有意无意地对她调戏起来。那个丈夫眼睁睁看着太太被人欺侮,竟然还是无动于衷,太太心里又气又急,终于忍耐不住,愤然起身破口大骂:"你是个瞎子是不是?没看到我被人欺侮吗?"

想不到丈夫反而欣然色喜地跳起来,一把抓起那块烧饼往嘴里啃,还笑着说:"哈哈!你说话了,你输了!这块烧饼终于是我的了!"

像这样一心计较人我之间的利害、得失,胜则生怨,负则自鄙,由此生出一切迷惑烦恼,是很难和平相处的,唯有去除胜负心,泯灭分别识,才能无争自安,也才能证入虚空如实的法界。

由于彼此的互相计较、争斗,造成了种种爱憎。爱的时候,爱得缠绵热烈,恨起来时,也恨得天地殊隔。太爱的人,爱得一分一秒也不能分离,稍一分开,就有了"爱别离"的痛苦;而对于不喜欢的人,一旦冤家路窄碰头了,就有"怨憎会"的苦。所谓"爱之欲其生,恶之欲其死",正是人我关系张弛的现象。

人我之间的种种不和谐,都是因为没有发扬慈悲心,没有把别人看成跟我一样,没有把众生看成同胞手足,反而你我互相猜忌乖隔,尔虞我诈、我虞尔狡的,自然容易生出一切是非、纠纷、烦恼。其实,你我之间是没有界限和鸿沟的,应该如《金刚经》说的"无我相,无人相,无众生相,无寿者相",消除心理上没有意义的种种猜忌。

有一户人家祖孙三代同堂,有一次,小孙子调皮捣蛋,祖父看不过去,打了孙子几巴掌。做儿子的在旁边看到了,心里气愤,就自己打起自己的耳光来;祖父十分惊讶,问道:"你这是干什么呢?"

做儿子的振振有辞的回答:"你打我的儿子,我当然也要打你的儿子出气呀!"

从社会的关系来看,如果不能认清或调和你我的关系,许多类似的愚痴见解,烦恼障碍就会层出不穷;如果能洞明人我一体的道理,自化化他,那么种种的是非、种种的纠纷也就迎刃而解了。

二、从时空方面看你我的关系

我们所认识的"我",从时间上讲,只有几十年的生命,这种短视的看法,使一般人充满浅见。其实,人不是只有几十年的光阴和生命,人不但有绵长的过去,还有无限的将来,三世因果,六道轮回,人天的生命是不死的,在无限中有恒久的未来。基督教常说"信我者,得永生",佛教再补充为:"不信者,亦不死"——信,我们的生命固然生生死死不息;不信,也依然要在轮回流转中出世入世。

我们的身体像一栋房屋,旧的房屋坏了,要搬到新的房屋去;现世的身体坏了,也要换一个来生的新身体。房子不管怎么换,主人翁只有一个;身体不管怎么换,自我的本性也仍然是一个。假如我们都知道自己的生命有无限的未来,那么对于现在一时的成败得失,又何必认真计较呢?

空间上也一样,各世有不同的因缘,有无量的造化,一个人如果时时自怨自艾他所拥有的房子只有一间,田地只有几亩,钱财只有少许……这样的生命就太卑微渺小了。其实我们这个真实不虚的生命,从时间上讲,是"竖穷三界";从空间上看,是"横遍十方"——整个宇宙大千世界都是从自我的心性中流露出来的,一花一草一虫一木都与我的生命息息相关,苏东坡所谓"溪声尽是广长舌,山色无非清净身",就是这个道理。

记得我初来台湾时,身上一无所有。从物质上看起来,我确实是一无所有,但是在内心的实相观照上,我所拥有的,可以说多至无可计数,大到无法衡量。寒冷的时候,我晒太阳取暖,太阳照着我,没有人会禁止我说:"你不可以晒太阳!"沉闷的时候,我望月自遣,月亮映照着我,也没有人与我计较说:"你不可以看月亮!"我看花,花自缤纷;我见树,树自婆娑;山河大地,任我尽情欣赏游览,无一不照拂我、清凉我、利乐我;整个三千大千世界都包容着我,我怎么会贫穷呢?我们如果实实在在体会到自己的生命,充满在古往今来的无穷时光,横布在上下十方的无限空间之中,哪里还会惊惧于一时的得失,恐怖于一世的生死呢?

然而,遗憾的是:我们人在无穷尽的生死与五趣六道的轮回里,不知道觉悟,找不到自己真正的家,耽乐、多瞋、生生死死、死死生生地一直流转下去而迷痴不觉,实在很可惜。佛经里有这么一段记载:有一个罗汉到一个富翁家去托钵化缘,正好遇到这家人在办喜事,忙进忙出的没有人理睬他;这个罗汉东张西望地看了半天,不觉慨然而叹:"众生实在苦,六亲锅里煮;牛羊席上坐,孙子娶祖母。"

这个意思是说:众生愚痴度日,只知道忙忙碌碌地办事,却不知道三界六道生死变易的轮回。现在锅里煮着的鱼肉,原是你们过去生的父母、亲友;现在高坐席上大吃大喝的宾客,上辈子原是一头头牛、一只只羊;而今天办喜事,其实是过去生的孙子在娶祖母啊!

用慧眼、法眼来看这个形形色色的人间,有时候实在是很可怜亦可笑的。《劝发菩提心文》里有两句话:"鞭驴出血,谁知吾母之悲?牵豕就屠,焉知乃翁之痛?"这其中的典故是:有一户人家养了一头驴子,拉了十几年的车,年老力衰,终于拉不动了,主人依然日日鞭笞赶着走,不肯轻饶。有一天夜里,主人梦见驴子化成人形,悲悲切切地来托梦说:

"我曾经亏待你,如今是来受报还债的,我原是你前世的母亲。这十几年来,我日日任劳任怨地替你拉车,为你载货,现在老了,实在走不动了,请你念在我们曾经是母子的情分上,不要这样无情地鞭打我啊!"

这个儿子一梦而醒,惊觉自己这样虐待牲畜的罪过,就把驴子送到寺院里放生,作为对它的报恩与补偿。以同样的观点来看,我们平日斩杀吞食的牛、羊,又焉知不是我们过去生的父母宗亲、骨肉眷属?有一首诗形容得很好:

莫道群生性命微,一般骨肉一般皮;

劝君莫打三春鸟,子在巢中望母归。

佛经上常说:我们要视一切众生如唯一的佛子罗睺罗,爱护他、教育他;我们要视众生如病痛垂危的骨肉,抚慰他、照顾他。在诸佛菩萨的眼中,众生和我不但体不相殊,并且互为一体,关系至为亲密,众生受苦是我受苦,众生享乐是我享乐,因此我为众生所做的一切,不是为他人作嫁,而是为自己储粮,这就是佛教"无缘大慈,同体大悲"崇高思想的精义所在。

三、从佛经里看你我的关系

过去,有一个人寿辰,请禅师为他家写一副对联,以增喜气,而且指定要有特殊的含意。禅师受他之托,写了一副对联送去,对联赫然是:"父死子死孙死",这个人看了很不高兴,怪禅师在寿诞喜庆的日子,写出这么不吉祥的话,禅师洒脱一笑说:"这是最吉祥的话了!"

"一家人都死了,怎么会吉祥呢?"

"难道你要孙子先死,儿子再死,你最后死,白发人送黑发人吗?"

对人我之间上下、尊卑,先后的顺序没有明辨了知,很容易生出许多类似的烦恼、纠纷。佛经里谈人我关系的地方很多。

(一) 朋友之间的关系

《佛说孛经抄》说朋友有四种品格:

1. 有友如华。
2. 有友如秤。
3. 有友如山。
4. 有友如地。

朋友如华,花开美丽的时候,将它戴在头上;枯萎了,就弃之如敝屣。有些人交朋友也是一样,你有办法的时候,同你亲密往来;一旦你没有利用价值了,就和你一刀两断,真是"贫在闹市无近邻,富在深山有远亲"。还有一种处处衡量你斤两的朋友,好像一把磅秤,你重要,他对你好;你失势无财了,他全身而退。又有朋友如金山宝矿,内中好花遍开,群鸟聚集,大家都来这里挖宝取财,交上这种朋友,会让我们沾上一些光,受一些益。另外一种朋友,宛如大地山川,可以生长万物,与他交往,可以增长我们的智慧,砥砺我们的志节,使我们在这片山川大地之中欣欣向荣。

另外,在《阿含经》里,也提到四种可亲的朋友:

1. "止非"的朋友:他能明辨是非,分别善恶,告诉我们什么能做,什么不能做。指示我们正当的目标,正当的途径,是"劝人止恶,示人正直,护彼庄重,示人天路"的朋友。

2. "慈悯"的朋友:他很关心我们,爱护我们,能够给我们精神上极大的支持,是"见利代喜,慈心愍念,见恶代忧,称誉人德"的朋友。

3. "利人"的朋友:他经常给予我们协助,可以帮助我们,与我们同甘共苦,患难与共。在我们需要扶持的时候,能够在一旁资助我们,是"令不放逸,令不失财,令不恐怖,群相教诫"的那种朋友。

4. "同事"的朋友:"同事"不一定是指与我们在一起工作的人,而是指与我们"志同道合"的朋友。这种人"不惜身命,不惜财宝,互相勉励",是很好的益友。

另外在佛经里,又告诉我们有五种不可亲近的朋友,辨识这五种损友也有方法:

1. "笑而不笑"的朋友:这种人面色阴沉,皮笑肉不笑,不知道他怀有什么鬼胎,要什么阴谋?

2. "喜而不喜"的朋友:这种朋友,阳奉阴违,也不可与之亲近。比方说,我做生意赚了大钱,做事升了官,应该为我感到欣喜,他却虚有其表地故作欢喜,在心里嫉妒我。

3.“慈而不慈”的朋友:也不可亲近。比如说,冬令救济是慈善的事,他不但不响应,反而劝我们不要做功德。这种朋友心胸狭隘,只看到自己,没想到别人,不能对他人慈悲,更不会对你慈悲了。

4.“耻而不耻”的朋友:大凡做错了事,或对不起别人时,应该感到羞耻、惭愧,他却旁若无人,一副若无其事的样子,这种人没有惭耻心,行事容易偏失,也不可以深交。

5.“听而不听”的朋友:古代的大禹,闻善言而拜服,对别人的善言能够感谢与接受。可是,有一种朋友却听不进忠告善言,只当成耳边风,不能闻善而善,又如何与之为善?所以,这种朋友也不可结交。

(二) 夫妻之间的关系

佛经里,对于夫妇之道也有很深的阐扬。

做丈夫的应该如何对待妻子?经上记载有五事:

1. 要"敬畏有礼":先生对太太要恭敬、畏惧、礼让。胡适博士曾说,凡是有学问的君子,有知识的男子汉大丈夫,都应该加入他的"怕老婆会"。意思不是要怕老婆,而是对太太存有"敬畏"的心。凡是对太太敬畏的人,大概都不会去做坏事;不敬畏太太的人,反而容易无法无天。

2. 要"悉委家事":将细微大小的家事,都交给太太管。不仅把整个家庭交给太太,连荷包也要交给太太。一般说来,太太有私房钱不碍事,先生身边有太多的私房钱,比较容易挥霍无度,甚至做出越轨的事。

3. 要"衣食俱足"："贫贱夫妻百事哀"，没有面包的爱情是靠不住的。所以做丈夫的，要给太太足够的衣食，这是做为丈夫的责任。

4. 要"爱威有时"：做丈夫的，一天到晚板着面孔，一副威严昂扬的样子，对太太一点爱怜都没有，夫妻的感情很容易变冷漠。但是，也不能像女人似的娘娘腔，尽会谈情说爱，不像个大丈夫，应该要"当爱则爱，当威则威"。

5. 要"使妻荣耀"：丈夫应该努力于事业，尽心于工作，让太太因我而感到荣耀，觉得嫁给我是最大的光荣，最大的幸福。

那么，做太太的又应该如何对待丈夫呢？根据经典记载也有五点：

1. 要"恭敬信顺"：不仅要恭敬，而且要信顺。做一个太太不能常常对先生说："你就是不听我的话！你就是不接受我的意见！"这样挫丈夫的威风，不但得不到丈夫的心，还会令他生起反感，影响家庭和谐。

2. 要"温和爱语"：做一个好太太，对先生必须态度温柔，谈吐和气。男人的性子较刚，女性较柔，以柔才能克刚。太太对丈夫讲话，也要多讲鼓励、赞美的话，千万不可以说反讽、暗嘲的话。比方说朋友来找丈夫，不能当着别人面前说："你要来找我那个死鬼啊？"平日夫妻相称，也不要动辄粗口恶言地说："死人啊！你过来！"万一真的死了，怎么办呢？一个家庭的和谐，是从彼此的温和态度、关爱言谈中开始的。

3. 要"勤劳家务"：家庭的环境，要里外干净，对于饮食三餐，尤其要妥善照顾。有些先生有外遇,是因为他每次一回家,家里不但乱七八糟,太太还啰啰唆唆,闲话唠叨一大堆,让他觉得这个家像菜市场、像牢狱。而外面另一个女人对他殷勤、赞美,他当然觉得:"这一个比较可爱!"

一个幸福的家庭,先生下班回来了,桌上已经放好了一杯热茶、一份报纸,餐桌上又准备了热腾腾、美味的饭菜;那么,先生无论再怎么忙,都会赶回来喝你准备的热茶,看你放置的报纸,吃你烹调的饭食,不会浪荡在外彻夜不归了。

4. 要"关护亲友":先生的亲戚、朋友、邻居到家里来,你要帮他招呼,亲切款待,使他们宾至如归。一个贤内助知道先生的事业重要,你让他把朋友、客人带到家里来,他就不必到外面去应酬了。若是先生的朋友、客户到家里来,你对他们不欢喜,使先生的事业和心情都不顺遂,他只好到外面去应酬,久而久之,他可能就移情别恋了。

5. 要"缝衣善煮":一个贤惠的太太,要细致关心先生的生活,嘘寒问暖,在衣、食、行止间无微不至地照顾他,不要一天到晚责问:"你有没有去寻花问柳?有没有金屋藏娇啊?"反而引起先生的反感,要了解先生的兴趣是什么,妥善地关心他的兴趣、他的生活;在体贴周到、爱护备至的太太面前,即使先生不规矩,也坏不到哪里去的。

另外在《玉耶女经》里,指示我们一个好太太必须具备五种妇德:

1. 要做"母妇":爱夫如子,像母亲疼爱子女一样地关心丈夫。

2. 要做"臣妇":事夫如君,像大臣侍奉国君一样地礼敬丈夫。

3. 要做"妹妇":事夫如兄,像小妹妹一般把先生当兄长手足,对他友爱、关怀。

4. 要做"婢妇"：事夫如妾，像婢女侍候主人一样地恭奉丈夫，给他自尊自信。

5. 要做"夫妇"：两个人过去不认识，现在凭着媒妁之言，或双方情投意合而结为夫妇。虽然，结婚典礼只在一瞬间，夫妇关系却须恒久不变，长远地维持下去。做太太的必须认为：世界上最能干、最有为、最可靠、最疼惜我的是我的丈夫。做丈夫的，也要这样想：世界上最贤惠，最体谅我的就是太太。这种心理能维持多久，夫妇的恩爱幸福就有多深多长。像佛经上说的："恩爱亲昵，同心异形，尊奉敬慎，无骄慢情；善事内外，家殷丰盈，待接宾客，称扬善名，是为夫妇"。

事实上佛经中对于君臣、父子等其他伦常关系，也都有精辟独到的阐明。从佛陀谆谆的教示中，我们可以了解，佛教不仅对出世之学有精深圆融的思想体系，佛教对世间纲常的诠释，其究竟透彻，如实切要，也是各种学说难以望其项背的。

四、究竟解决你我的问题

佛学中的"究竟"一词，指至极、最高境界的意思。

"诸法因缘生，诸法因缘灭"，你我之间的一切关系都在缘分上维系，善缘得善谊，恶缘造恶业。我们应如何彻底解决人我的一切是非争执呢？

（一）"你好我坏，你大我小，你有我无，你乐我苦"

我们都希望自己好、自己大，希望拥有和快乐，怎么反而把好的、大的、有的、乐的都给别人去享受呢？此即是千百年来人类功利心态的"所知障"。人与人之间，若想从根本上解决彼此的一切不和谐，应该奉行这四句话，会让我们获得意想不到的法喜。

1."你好我坏"：

有两户人家，一户张家老是吵架，另一户李家则内外融洽，从不吵架争执。日子久了，张家不免纳闷，就问李家："为什么我们家天天吵架，没有一天的安宁，你们家却和和气气的，几乎从来不闹纠纷呢？"

李家的人说："因为你们家都是好人，所以会吵架；我们家一个个都是坏人，所以吵不起来。"

"哪有这种事？这话什么意思？"

"比方说：有人打破了花瓶，你们家的人直觉自己没错而错在别人，于是一个指责对方不小心把花瓶打破了，对方则认为不能怪他，是你不该把花瓶乱放……如此，谁都认为自己对，自己是好人，自然就争执不休了。而我们家的人，则一个个怕伤害别人，宁可承认自己坏也不愿指责对方，所以打破了花瓶的人马上道歉说：'对不起！对不起！我太不小心了！'对方也立刻引咎自责说：'不怪你，不怪你，我不该随便把花瓶放在那儿！'我们家的人都承认自己错、自己坏、不推诿、不卸责，家里的关系自然和谐无争了。"

如果每一个人都肯"严以律己，宽以待人"，随时肯谦卑自承："对不起！""我错了！""我做得不好！"……为人处事就会很顺利，一切无明自然泯除，一切挂碍自然消解。

2."你大我小"：

同样的道理，如果每个人都希望自己比别人伟大、强大，争执也会层出不穷;如果能怀"让你伟大,我来渺小"的心态,自然能化戾气为祥和。其实,渴望伟大的人,不一定就能伟大,自以为渺小的人,也不真的就很渺小,反而是"能忍为大"、"能容为大",能包容涵纳他人的人更伟大。

3. "你有我无":

一般人总希望自己拥有的比别人多,而不顾别人的匮乏,但是如果大家都没有,只有你个人独占,恐怕别人也不会让你顺顺心心地安享吧?"人为财死,鸟为食亡"是一例,"匹夫无罪,怀璧其罪"又是一例。把"有"让给别人,自己"无";"无"并不是真的一切空空,而是无限、无穷、无尽,"有"则反而有限、有穷、有尽了。从我们的精神上、道德上与佛法相应,会发觉世上许多无形无相的东西反而更可贵;一切价值不在于虚无的外表,而在于丰蕴的内涵。

4. "你乐我苦":

一般人总是好逸恶劳,只求一己逸乐,不顾他人苦楚,这是世间争执的根源。我们应该把快乐献给别人,独乐乐不如众乐乐。当别人快乐的时候,我们也会感染快乐;当众人快乐地围绕着我们,我们的快乐也会更大更深。"牺牲享受,享受牺牲"即是这个道理。

(二)"照见五蕴皆空"

第二个解决人我关系的办法是《般若心经》上的这句话:"照见五蕴皆空"。

"人之大患,在吾有身",佛教也认为,一切苦的根源在"我","五蕴"就是"我"的代名词。"色、受、想、行、识"这五样东西,蕴含了一切精神、物质上的得失忧喜。佛经里记载，人有八万四千个烦恼，这八万四千个烦恼，好比八万四千个盗贼；统领这八万四千个盗贼的，是"贪、瞋、痴"三员大将，而御使这三员大将的总司令就是"我"，收服了这个"我"，自然天下太平了。

实在说，做一个人的负担也很重，有八万四千个盗贼盘踞在我们的身心里，这个身心好像一座大营房，六根——眼、耳、鼻、舌、身、意，像六个盗贼，一个个伺机为非作歹，不容易受我们领导控制。怎么样才能离苦得乐呢？关键是"无我"。佛教讲的"无我"，并不是死亡之后的没有我，因为六道轮回流转，人是死不了的，身体毁坏灰灭后，仍然有个"我"在。佛教讲的"无我"，是"无我相，无我执"，有一个譬喻：

有一个人晚上赶路回家，天太黑迷了路，看到路旁有一间小屋，就进去歇一歇。

刚休息不久，有一个小鬼背了一具尸体进来了，那个人吓得魂不附体，还来不及逃命，立刻又跑进来一个大鬼，兜头扭住小鬼争夺尸体，这个说是我的，那个也说是我的，结果两个鬼僵持不下，吵得轰隆价响，把那个人吓得悚悚发抖，不小心弄出了声音来，被大鬼听到了，就说："好！这里面还躲着一个人，把他抓出来，叫他评评这尸首是谁的。"顺手一揪把这人揪出来，小鬼理直气壮地问："你说，这一个尸首是谁先背来的？"

这个人又慌又怕地想："如果我照实说是小鬼背来的，大鬼一定不会饶过我；如果我说这个尸首是大鬼的背来的，说了谎作了伪证，小鬼一定发怒，并且违逆因果。唉，反正是一死，还是实话实说吧！"

于是心一横，大声说了："这个尸首，我看见是先由小鬼背进来的！"

大鬼一听，大怒，就扭断这个人的膀子，一口吞下肚子里去了；小鬼看到这个人帮了他的忙，反遭不测之祸，心有不忍，立刻从尸体上拔下来一只膀子给那个人接上。大鬼更生气，掰下这人的左臂来吃，小鬼随即卸下尸体的左手接上；大鬼再拆下腿，小鬼就接上新腿；大鬼气得不得了，一把砍下那人的头，小鬼就又接上个尸头；这样撕来换去的，又吵又闹，到最后两鬼都含怒呼啸而去，只留下这个人呆呆地想："我是谁啊？我的膀子、手臂、腿、头都被大鬼吃了，现在这个换上来的膀子、手臂、腿、头都是那具尸体的，究竟哪一个才是我啊？"

现在的医学已经进步到"器官移植"的程度了：眼睛坏了，可以把别人的眼睛移植到我们的身上来；皮肤溃烂了，可以用羊皮、牛皮移补；肾脏坏了，父母、兄弟、姊妹的肾脏都可以移植给我；等到统统换过之后，这个"我"又是谁呢？人身原是一个假合的幻形空象，所谓"照见五蕴皆空"，就是不要在这个形相上计较、执着，认为这是我的眼睛，这是我的耳朵，这是我的观念，这是我的权利，这是我的思想，这是我的……"有我"，是痛苦的根源；"无我"，才是解决你我问题的妙方。

（三）"凡所有相，皆是虚妄"

最后一个解决你我关系的究竟如实之法，就是《金刚经》上说的"凡所有相，皆是虚妄"。

除了"无我"之外，还要"无你"，要"无我相、无人相、无众生相，无寿者相"，即是"四相一起捐，圣凡悉平等"，到了这个境界，没有一切"你"、"我"分别对待的假相，则会呈现出平等自如的法界，大家就能和谐相处，融洽自在了。

为什么"四相一起捐"之后，没有你我，就没有苦恼呢？比如说：假如你和一个人讲话，他坐着，你站着，你心里会嘀咕："哼，好大的架子，你有什么了不起？"觉得气愤难平。可是回到家了，你的小儿女一看到你回来，缠着你说："爸爸！你跪下来当马给我骑！"你不但会高高兴兴地跪下来让他们骑上去，还让他们一面骑一面打："快点跑！快点跑！"乐得哈哈大笑。人家坐着你站着，你会生气，因为有"你"、"我"之分；回到家给小儿女当马骑，跪着爬，你反而高兴，因为是"我的儿子"、"我的女儿"，和我一样没有分别，也没有"你""我"的差异，所以能不烦恼、不生气，一切扰扰纭纭的分别妄想都不会生起了。

人生在世，解决痛苦的究竟之道，就是把"你"当作"我"，你我一体，你我不二，将心比心，解衣推食。像常不轻菩萨，对一切人都抱着尊重的态度："我尊敬你们，不敢轻视你们，因为你们将来人人可成佛"，如果人与人之间的关系，能建立在互相尊敬、人我一如的妙谛上面，那么一切的纷争平息，我们的社会也更加安和乐利了。

1982 年 12 月 22 日讲于彰化县政府大礼堂

谈情说爱

如何把心中的私情和爱去除,陶冶为奉献大众的胸襟?
如何把自私占有的感情,转化成无私的道情法爱;
把有选择、有差别的情爱,净化为"无缘大慈,同体大悲"?

情爱,不一定只限于男女的情爱,父子、母女之间的亲情,朋友之间的友情,战友之间的袍泽之情都是情爱。

爱的世界很广阔,我们不但爱父母、爱朋友、爱国家,我们也爱植物,还有人喜欢动物,甚至有人喜欢矿物,收集各种奇石异物作为赏玩,更有人集邮、集火柴盒;爱慕有情众生固然是一种情爱,喜爱无情的草木也是情爱。

常常听到有人问:"人类从何处而来?"佛经告诉我们:"人是从爱中来的。"佛经上说:"爱不重,不生娑婆",又称人类是"有情众生",可知人是有情感有情爱的生命,爱,是生命的根源。

有的爱属于"污染"的爱,有的爱属于"纯洁"的爱,有的爱是"占有"的爱,有的爱是"奉献"的爱。"爱"究竟像什么呢?从坏的方面说,爱如绳子,会束缚住我们,使我们的身心不得自由;爱似枷锁,会困锁住我们,使我们片刻不得安宁;爱有时如盲者,身陷黑暗之中而浑然不觉；爱又像刀口上的蜜，为了贪尝那一点点甜味，可能有破舌丧命的危险；爱更像苦海，所谓"爱河千尺浪，苦海万重波"，它可以使我们在苦海里倾覆灭顶。

从好的方面讲，爱是牺牲、是奉献，爱是鼓励、是慈悲。对大众而言，总希望被人所爱，喜欢获得别人的感情。但是有一些人，他们则喜欢发挥自己的爱心，去爱社会上的大众。爱，有时候也很容易出问题，因为"爱"与"恨"是一对难兄难弟，几乎是形影不离的，爱得不好，会成为恨。一般人所讲的爱，往往仅限于男欢女爱，不能进一步将爱扩充为同胞相与的襟抱，将爱升华为爱护一切众生的慈悲。

情爱可以分为四个层次：

一、人间凡夫的情爱

凡夫的情爱，往往是狭隘的、有限的，凡夫的情爱是占有的、有相的。人间凡夫的情爱，有时候会产生许多的问题，归纳其原因，有下面几种：

（一）爱的对象不对

看到自己喜欢的人，动起爱慕的念头，是人之常情，但是爱慕的对象不当时，不但不能增加幸福，反而平添烦恼。譬如对方已经是有妇之夫，或是名花有主，还苦苦追求，只有造成悲剧和痛苦。况且感情是双方面的事，落花有意，流水无情，也是无法勉强的。用情的程度应该当浅则浅，当深则深，如果陷溺太过，难免会遭致没顶。

(二）爱的观念不对

有的人以为家财万贯便能买到别人的情爱,有的人以为身份不相称、门户不相当便不能交往,这些都是错误的观念。以男女情爱的例子来说:过去的婚姻,一定要有多少聘金才能来作媒,才能谈婚论嫁;或者在谈情说爱的时候,总考虑到对方的身份、家世、品貌、学历、职业,列出许多条件来。像这种有条件的爱,已经成为一种物质层次的爱,而不是真正的爱情;真正的爱是不讲求条件,完全付出的。

(三）爱的方法不对

有的人以为可以三妻四妾、金屋藏娇,享尽天下之福,这是个人享乐的私爱。有的人对于心爱的人,纵然有错失,也不加以指正,而对自己讨厌的人则百般挑剔,眼睛仿佛蒙上了一层阴翳,不能明白地看清对方的真正面目,因此有人说:爱情是盲目的。我们应该有"爱而知其恶,恶而知其善"的认识,才能真正发挥爱的功用。

过去有一则警人的故事:有一个富翁非常宠爱他的独生子,舍不得让孩子吃半分苦,衣服是服侍着穿的,饭是一勺勺喂着吃的,这样一直娇生惯养到 30 岁,这孩子要什么有什么,一切都不劳动手,什么事都不做。一天,富翁过五十大寿,特意请了一个星象家来算命,这一算,才知道富翁阳寿是 80 岁,而儿子只能活到 62 岁,这下糟糕了,富翁还来不及替儿子伤心,儿子已经呼天抢地地哭起来了:

"爸爸呀!你只能活到 80 岁,那时我还不到 60 岁,还有好几年要活;那时候你已经到棺材里睡觉了,谁来养活我呀?我怎么穿衣服吃饭呀?"

父母错误的溺爱,反而害了子女一生;父母鼓励的爱,却能给予子女莫大的力量,对人生作出正确的抉择。

此外,佛教并不反对正当的男女之爱、夫妻之情。只是,现在社会上一些男女青年谈恋爱,常常成了胡乱之爱——从可贵的男女之爱,演变成惹是生非的乱爱,这是很不好的现象。有人说,情爱一场,在法国是一出喜剧,在英国是一出悲剧,在意大利则是一出歌剧;如果在美国,现在的情爱已成为一场闹剧,而情爱如果在中国,则是一场丑剧。

为什么我们社会的某些情爱是一场丑剧呢?报纸上可以看到许多触目惊心的报道,情爱的结果不是毁容就是伤害、毒杀,制造了很多骇人听闻的丑陋事端。看到这许多丑陋的事情发生,总不禁慨叹:众生实在不懂得情爱!

所谓情爱,即使不谈到牺牲、奉献,但至少在情爱里彼此不能伤害对方。《战国策》里,乐毅说:"君子绝交,不出恶声;忠臣去国,不洁其名。"一个君子,如果与人绝交,不说对方的坏话;忠贞之臣离开了国家,亦不解释自己的高洁之名。同样地,有情人能成眷属,固然很好,如果不能,也要像君子一样,好聚好散,不必翻脸成仇。一旦情感破裂了,彼此和和气气地离开,怎么忍心把自己曾经那么热爱过的人,憎恨地丑化他、伤害他,甚至摧残他,这又是何苦呢?

有人说,青年人谈爱情,爱情是挂在嘴上,说说而已;中年人谈爱情,爱情在身上、在手上;老年人谈爱情,爱情是放在心上,刻骨铭心。由此可知,对爱的体会是随着年岁的增加而日趋成熟的。一般说来,凡夫的情爱是从红颜到白发,从花开到花谢,比较贪恋于男女之欢。如果情爱能够随着我们人格的递增而日益提升,随着道德的长进而日臻纯净,那么凡夫的情爱也会愈来愈升华,从爱自己,乃至爱自己的父母眷属,进而爱世界人类。

二、人间圣贤的情爱

人间的圣贤,他们有没有感情?有没有情爱?他们的情爱跟人间凡夫的情爱是不是一样呢?举几个例子:

(一)为国忘己

大禹是我们古代的贤者,当时天下的老百姓正受着洪水的灾害,他奉命治水,解除天下苍生的痛苦。13年在外督导,3次经过自己的家门而不进去探望亲人,那是因为他时时想到老百姓正生活在水深火热之中,而忘掉了自己的私情私爱。这种为国为民而忘记自己的精神,给我们后代子孙留下了一个典范。

在战国时候,屈原是楚怀王身边的重臣,因为怀王听信小人挑拨离间的话,便渐渐疏远了屈原,甚至将他放逐。可是屈原仍旧热爱他的国家,忠心耿耿地希望祖国能够走上强盛之路,因此,虽然不见信于君王,却不改其忧国忧世的忠贞,最后甚至投汨罗江而死。我们从他留下来的许多感人肺腑的爱国辞章中,可以感受到屈原那一股不可屈侮的爱国情操,他宁愿以身殉国,也不求自己苟活。这种情爱,就是一种牺牲忘己的情爱。

宋朝的爱国诗人陆放翁,身经北宋、南宋的变乱,在他临死时,对他的子孙说:"死去原知万事空,但悲不见九州同;王师北定中原日,家祭毋忘告乃翁。"这种对国家的情爱,也是一种感情的升华。

(二) 为众无己

佛陀的堂弟摩诃男将军,是迦毗罗卫国的守城大将。当城被敌军攻破时,他向敌军说:"请先不要杀害我的百姓,等我沉到水底再浮起来时,你们才开始杀我的人民吧!"敌军的统领——凶恶的琉璃王说:"反正你们难逃一死,好吧!就答应你最后的一个愿望。"摩诃男于是沉到水里面去,过了很久都没有浮上来,琉璃王很纳闷,派部下潜到水里去看个究竟。原来摩诃男把头发绑在水底的树上,永远也不会上来了。他为什么把自己沉溺在水中呢?是为了有更多的时间,让城里的民众可以逃亡。像这种为老百姓牺牲生命也在所不惜的大无畏爱心,也是一种高超的情爱。

(三) 为法献己

在佛教里,有"佛教的孔子"之称的唐三藏玄奘大师。他为了到印度求学佛法,经过八百里的沙漠,行经途中,马所运载的水忽然都倾倒流失了。在沙漠中,如果没有水必然是死路一条,然而他忍受种种饥渴的煎熬,发出坚宏的誓愿:"宁向西天一步死,不往东土一步生。"这种对真理追求的热忱,也是一种可贵的情爱。

我们看到日本人穿的和服,和中国的服装很相似,房舍的建筑方式,也和中国房子相仿佛,甚至吃饭用的碗筷也都是中国式的;日本的文化可以说是中国文化的旁支别脉。当初是哪些人将中国文化传扬播种于日本呢?其中就有唐朝的鉴真大师。他发愿到日本弘扬佛法,前后共经过7次的努力,费了12年的时间。有一次失败,被官府捉拿回来;又有一次,在路上遇到强盗土匪,被洗劫一空;以后又遇到台风巨浪,半途折回;甚至被自己的徒众出卖了,如此历尽千辛万苦,终于在第7次到了日本。那时他已60多岁,双目也瞎了。但是,他仍然不改初衷说:"为大事也,何惜生命?"为了完成弘扬佛法、普度众生的大事,他不惜自己区区的生命。像这种探求真理的热忱、弘扬佛法的悲愿,也是从情爱之中升华起来的。

(四)为孝尽己

佛教中的大孝子目犍连尊者,为了营救在地狱中受苦的母亲,出生入死,竭尽心力,因而使佛陀启说了《盂兰盆经》救倒悬报亲恩的法门,不仅自己的生身父母得度,众生父母也因此得以救拔,这种孝行是一种情爱的伟大转化。

北齐时代的道济禅师,一头挑着万卷的经书,一头挑着年老失明的母亲,到处弘扬佛法。有人要帮助他照顾老母亲,他婉言谢绝说:"这是生养我的母亲,不是你们的母亲,应该由我来照顾她的生活起居。"

唐朝的陈尊宿,道风高迈,得法于黄檗希运禅师,事亲至孝,自己编织蒲鞋来孝养母亲,人人尊称他为"陈蒲鞋"。

佛门中有许多感人肺腑的孝行,这种反哺报恩的孝行,是人类至真至善的感情,也是一种情爱的高度显扬。

(五)爱徒如己

《论语》记载:孔子的弟子颜回去世的时候,孔子伤心欲绝说:

"天丧我也！天丧我也！"孔子的眼泪是他感情的流露。为什么弟子颜回死了，让他如此伤心呢？他是为青年才俊的夭折，为人才的损失而悲伤；这就是一种慈悲的情爱。

密勒日巴尊者到处访师寻道，终于寻访到大善知识的马尔巴上师为传法师。上师问他："你拜我为师，我问你，你有什么东西供养我？"

密勒日巴尊者虔敬顶礼："我把身、口、意三业奉献给你，作为我的供养。"

上师答应收他为徒。有一天，上师跟他说："你身体健壮，我要你建造一间藏经书的石屋，造好了，我就传法给你！"

密勒日巴听了，非常欢喜，即刻请求上师将造房子的图样交给他。上师说："我想在东方险要的山顶上造一所圆形的房子，也借此消除你的业障。"

密勒日巴于是日日费力造屋，差不多造到一半的时候，上师来了，把他一件半月形的上衣，层层折叠起来，放在地上说："这地方不大好，你把石头和材料拆运下山，到西方山头照这衣的样子替我盖个房子吧！"

密勒日巴苦不堪言，只好再背上背下地造屋，等盖到一半的时候，上师又来了，说："这个房子看起来好像还不对，你把它拆掉，把木头石头搬下山，到北方的山头给我盖一所真正代表修行者的三角形房子吧！"

密勒日巴只得遵照师命，重新不眠不休地赶工，不以烈日熏烤、风雨摧打为苦。好不容易做了三分之一的时候，上师又来了，问他："这房子是谁叫你做的！"

密勒日巴急了,马上回答:"是师父您亲自吩咐的呀!"

上师搔了搔头说:"哦?我怎么想不起来了?在这种坏风水的地方造三角形的房子,像修诛法的坛城,你这不是存心想害我吗?拆掉!拆掉!到北山给我建造一所四方形的房子,要9层,上面再建一个库房,总共10层。房子盖好了,我就传法给你!"

一席话下来,密勒日巴的辛苦又全部付诸流水。

就这样盖了又拆,拆了又盖,多少年的岁月在挑砖荷土中过去,累得身上的皮肉都烂了。师兄弟们看了很不忍心,自动跑来同心协力地帮他搬瓦、挑砖,师父看到了,依然大发雷霆:"我是叫你来建房子,并没有叫人帮忙盖,你怎么这么懒,随意找别人来帮忙呢?"

不但骂他,还拿棍子重重地打他,打得痛苦,难免哭出声,师父不但没有半句安慰的话,反而厉声喝斥:"你哭什么?你当初来的时候跟我说,你要把身、口、意全部奉献给我,我现在打的是我自己的东西,骂的也是我自己的东西,你哭什么?"

密勒日巴所受的折磨远超过我们的想象,各种煎熬、锻炼,他都默默地忍受了。多少年后,密勒日巴终于成道了,证得大阿罗汉果。当他开悟的那天晚上,师父抱着他痛哭失声:"我为了你是一个千载难逢的奇才,才不惜用种种最艰辛困苦的方法来磨炼你,让你早日得道。当师父责骂你、鞭打你,对你无情无义的时候,师父的心里也很痛苦。但是,为了你的将来,师父只有忍下心来一再地鞭策你……"

像这种看起来不近情理的严苛行径,其实也是圣贤爱惜人才的至高情爱。

我自己幼年出家,也受过这样的教育。我们到戒场受戒的时候,戒师们坐成一排,严阵以待地盘问我们:"你们来受戒是自己发心来的,还是师父叫你们来的?"

有人抢着回答说:"老师慈悲,是弟子自愿发心来受戒的。"

戒师听了,不发一语,拿起藤条,就是一顿抽打,然后说:"你好大胆,你师父没有叫你来,竟然敢来。"

换了另一位戒师,同样地问你:"你来受戒,是自己要来,还是你师父叫你来的?"

看到刚才有人被打了,心有戒惧,赶快看风使舵,小心翼翼地回答说:"老师慈悲,是家师要我来受戒的。"

自以为回答得很好,谁知道又是一顿毒打,边打边说:"如果你师父不叫你来受戒,你就不来受戒了吗?"

低头一想,也有道理,如果师父不嘱咐自己来受戒,难道自己就不知道发心了吗?

再换一位戒师,仍然是同样的问题。有了两次的经验,这回赶忙灵巧地说:"师父叫我来受戒,弟子自己也发心来求戒法。"

这样的回答一定万无一失了?出乎意料,竟又挨了一顿打,打了之后还说:"你很滑头。"

这一关总算过去了。到了另外一位戒师那里,话题转变了:"你过去有没有过杀生呢?"

杀生罪孽深重,怎么能说有过杀生呢?赶忙摇头说:"没有!"

"你从没踏死一只蚂蚁,从没打死一只蚊子吗?分明说谎!"

于是又噼里啪啦一顿打,说谎该打,倒也心服。又换了一位,还是同一问题,只好照实承认:"报告老师,弟子杀过生。"

"罪过哟！罪过哟！"

鞭落如雨下,到了最后,不论戒师问什么话,根本就不想回答了,只能无可奈何地说:"老师,您要打尽管打好了!"

我们所受的那种教育,是以无理来对待有理,是以无情来对待有情。在无理、无情的情形之下都肯低头,那么在真理面前还不能信受奉行吗?老师的无情无义,实际上,是为了度化我们这些顽强的有情众生所用的机巧方法,这种无情,其实是一种大慈悲!我自己经常觉得很幸福,因为我们受过这样严格的教育,好比废铜烂铁被投掷在洪炉中烧炼成钢一样,虽然艰辛,今日回想起来,实在是一种福报。

对于现在的青少年们,我觉得最大的损失,就是在教育里缺少了接受磨练的精神,而这种恨铁不成钢、陶铸后学的大慈悲,是需要更大的爱的力量。

三、人间罗汉的情爱

爱是有层次的,我们从最初夫妻之间深深的爱,扩大到兄弟姊妹,再扩大到亲戚朋友,扩大到邻居、同胞、全国人民,再扩大到一切的动物、一切的众生。我们从凡夫的爱到圣贤的爱,再进而到出世的罗汉的爱;罗汉、菩萨的情爱就更超越了。

我们常常礼拜的地藏菩萨,他在安徽九华山修行时,只有一二个童子跟他一起居住。有一天,幼小的童子住不惯深山想要下山去。地藏王送这童子下山,并赠他一首诗:

空门寂寂汝思家,礼别云房下九华。
爱向竹栏骑竹马,懒于金地聚金沙。

瓶添涧底休拈月,钵洗池中罢弄花。

好去不须频下泪,老僧相伴有烟霞。

从这诗里,我们可以看到菩萨罗汉的心肠这首诗的意思是说:佛门太寂寞了,所以你会想念家乡。现在你告别了像云一样高的我们的居处,离开九华山。你喜欢回去像小孩子一样地骑竹马游戏,不愿在黄金宝地,聚沙成塔的修行做功德。

你回去之后,拿着花瓶到有水的溪涧边去换水的时候,不要去空捞那涧水上的明月。你洗钵的时候,看到花花树树的倒影,也不要以为池塘里面有一个真实的花花世界。你好好去吧!不必流泪,我住在九华山上自有陪伴我的人,你看天上的云霞,还有那轻飞的烟,大自然不都是可以陪伴我的吗?

像这样的菩萨罗汉,他们体谅人情,爱护幼小的少年,给予他安慰,所说的话,字字句句都很超越。

唐朝的道积法师,住持益州福感寺的时候,收容了许多麻风病人,一个个身上腐烂发臭,道积法师不但不嫌恶他们,与他们同吃同住,而且耐心替他们熏沐治疗,丝毫不觉厌烦。风声传开,许多信徒纷纷躲闪不敢接近。

有人问道积:"法师,你天天跟些又烂又臭的麻风病人在一起,难道你不怕被传染吗?"

道积微微笑道:"所谓清净与臭秽,全是人的心识作用,心中没有憎厌,哪里来的怨恨?心田清净,处处清净,我一个出家人如果连这点瞋妄心都放不下,连这点慈悲心都提不起,岂不有愧道法?"

这些圣者的胸怀高旷,他们的慈悲是平等的,他们对物我生命都是一样看待的。

佛陀的大弟子大迦叶,是一位大阿罗汉,他是出身富家的公子,父母要他结婚,他以修道为由而婉拒。被父母一再逼迫,不得已便用黄金雕塑了一个女人,对父母说,除非有像她那么美丽的女郎才肯娶。他的父母就派人抬着这一尊金像游行全国,说这是一尊金神像,少女膜拜她会有好运气,于是,全国的少女都闻声前来膜拜。有一位少女到了金像前面,顿时金光黯然失色,全被她的美貌掩盖了,她就是有名的美女妙贤。

妙贤和大迦叶结婚了,原来这位妙贤也打算修道,起初她还怪大迦叶:"我的父母为了你家有钱有财,把我嫁给你,违背了我修道的志愿。"大迦叶一听:"那很好,我也要修道的,我们各修各的道吧。"

所以,名义上是夫妻,实际上他们还是继续修行。经过了12年,他们的父母都去世了,他们便一起出家修道,分别成为比丘、比丘尼。由于妙贤太美貌了,虽然是比丘尼,但每一次出去托钵乞食,都有很多少年们跟随在后面,和她开玩笑,吓得她不敢出去化缘,曾经做过名义上丈夫的大迦叶就把托钵回来的食物,分一些给她吃。因此惹了很多闲言闲语:"什么12年名义夫妻,现在出家做比丘、比丘尼了,两个人还是那么恩爱的样子。"

后来,妙贤深深慨叹自己美貌的悲哀,便把容貌弄丑,希望做一个"丑僧俊道"。所以,大阿罗汉的情爱,与人间一般的常识看法是很不一样的。

在佛寺的斋堂里悬挂着一副对联:"莫嫌佛门茶饭淡,僧情不比俗情浓。"在一般人的观念里,阿罗汉已经抛弃了人间的感情,过着一种灰身灭智、无情无爱的生活。其实阿罗汉是绝情而有情,充满至情至性的圣者。阿罗汉的无情,是超越儿女私情,舍弃个人贪欲的,也唯有舍弃男女之间私情私爱的绝情,才能对一切的众生,兴起广大无私的无限慈悲。我们看唐朝从谏禅师的阖门拒子,弘一大师的避见妻孥,看似无情,却是大有情。他们把对妻子儿女的情爱,净化为对真理的追求,提升为对芸芸众生的关爱。因此真正的情爱不是拥有对方,而是一种生命的交流,更是一种对天下苍生的无尽奉献。

四、人间佛陀的情爱

佛陀的母亲在他出生的第七天就过世了。成道之后的佛陀,一直希望能够为他母亲讲说佛法,报答生育之恩,后来终于在忉利天为他的母亲说法,一了心愿。佛陀的父亲净饭王去世后,诸王子们商量要亲自为父亲抬棺,佛陀虽然已成就道行,也亲自为他父亲抬棺。大家看到佛陀也在抬棺的行列里面,弟子们都非常感动,佛陀为佛教的孝顺父母做了很好的模范,佛陀实在是一位忠孝两全的伟大圣者。

佛陀的爱建立在"怨亲平等"上。佛陀没有出家之前,已经娶了天臂城主善觉王的长女耶输陀罗公主;佛陀成道以后,回到相离十多年的故乡。一个成了佛的佛陀,与一个独守空闺的妻子终于要见面了,耶输陀罗内心很着急,不知道过去的夫婿现在变成什么样子?她的心里充满了期待与疑惑,不知道该如何与他见面才好?

佛陀与父王、大臣、王子们叙过旧之后,终于来和耶输陀罗见面。耶输陀罗心里想:"我要好好责问他,为什么舍弃了我?"但是,当她看到佛陀那庄严的威仪时,不自觉地跪了下来。佛陀平静庄严地说:"耶输陀罗,请你谅解我的做法;我虽然对不起你个人,但我对得起一切众生。现在,请你为我欢喜,我终于修满了我历劫的愿望,成就了佛果,我以广度众生为我的志愿,你也在我广度的众生之列。"

佛陀慈悲的音容、庄严的仪止、超越情爱的语言声音,大家看了无不受到感动,最后,耶输陀罗也出家修道了。所以,有一句话说:"君子爱人以德",真正爱护一个人,是引导他趋向正道,帮助他日臻成熟,而不仅仅是形体上的长相厮守。

佛陀对亲人如此,对冤家仇敌也是一样。佛陀的仇敌提婆达多,专门和他作对。但是,佛陀从来没有怨恨他,总是告诉大家,提婆达多是他的逆增上缘,是他的善知识。没有黑暗哪里有光明?没有罪恶哪里有善理?没有提婆达多,伟大崇高的佛陀又怎么能成就佛道,令人敬仰呢?

佛陀的慈悲遍于一切众生。弟子们生病了,佛陀亲自替他送水、煎药;年老的比丘视力模糊了,缝衣服时不方便,佛陀替他穿针引线。佛陀爱护弟子,就像慈爱的母亲一样,给弟子以光明,给众生以依靠,佛陀实在是我们的慈航,是我们的无尽希望。

佛陀教育弟子善巧方便,耐心调教。对于挑粪的尼提,佛陀特地绕远路去度化他;愚痴得连一首偈都不会背的周利盘陀伽,佛陀很耐烦地告诉他,为他讲说佛法让他开悟。他的弟子迦旃延在很远的地方传教,有一天,派一位小徒弟来问候佛陀,佛陀知道了之后,对弟子说:"迦旃延的弟子来了,在我的房间搭一张床铺让他睡觉吧!"崇高伟大的佛陀,对于远道而来的小孩子,都这样的慈爱呵护;佛陀不仅关心小弟子,也等于呵护了在远处传道的迦旃延。为了修行而瞎了眼睛的阿那律，一直等到他证得天眼通，佛陀才放心；阿难陀常常受到女人的麻烦，一直等到阿难陀尊者真正成道了，佛陀心上的石头才放下来。

爱是有层次的，从最初血浓于水的亲子之情，两情相悦的夫妻之情，进而至兄弟姐妹的手足之爱，再扩大为亲戚朋友的守望关照，而提升为对世界人类，乃至一切众生的悲悯。从凡夫占有的情爱，进而达到圣贤爱国爱民的情爱，最后升华为诸佛菩萨"但愿众生得离苦，不为自己求安乐"的大慈大悲。

情爱如水一般，可以滋润我们的生命，但是水能润物，水也能覆舟，感情处理不当，也会让我们灭顶丧生。如何来处理感情？

1. "以智化情"：用理智来净化感情。
2. "以慈作情"：用慈悲来运作感情。
3. "以法范情"：用礼法来规范感情。
4. "以德导情"：用道德来引导感情。

如何把心中的私情私爱去除，陶冶为奉献大众的胸襟？如何把自私占有的感情，转化成无私的道情法爱；把有选择、有差别的情爱，净化为"无缘大慈，同体大悲"？这是我们追求人生幸福之道，升华生命内涵，必须慎思的问题，有了服务众生、奉献社会的慈悲，则心灵生活、感情生活将更丰富、更隽永。

1982年12月23日讲于彰化县政府大礼堂